LUIZ FERNANDO CINTRA

A MISERICÓRDIA DIVINA

@editoraquadrante
@editoraquadrante
@quadranteeditora
Quadrante

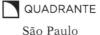

São Paulo
2024

Copyright © 1999 Quadrante Editora

Capa
Provazi Design

Dados Internacionais de Catalogação na Publicação (CIP)

Cintra, Luiz Fernando
 A misericórdia divina / Luiz Fernando Cintra — 4ª ed. — São Paulo: Quadrante, 2024.

 ISBN: 978-85-7465-625-0

 1. Vida cristã – Autores católicos 2. Vida espiritual – Autores católicos I. Título

CDD-248

Índice para catálogo sistemático:
1. Vida cristã : Prática religiosa : Cristianismo 248

Todos os direitos reservados a
QUADRANTE EDITORA
Rua Bernardo da Veiga, 47 - Tel.: 3873-2270
CEP 01252-020 - São Paulo - SP
www.quadrante.com.br / atendimento@quadrante.com.br

SUMÁRIO

NOTA À SEGUNDA EDIÇÃO 5

INTRODUÇÃO: VALE A PENA...? 9

O QUE É A MISERICÓRDIA? 17

RICO EM MISERICÓRDIA 39

FRUTOS DA CONSIDERAÇÃO DA
    MISERICÓRDIA DE DEUS 63

SEDE MISERICORDIOSOS 87

NOTAS 123

NOTA À SEGUNDA EDIÇÃO

«Jesus Cristo é o rosto da misericórdia do Pai»*. Com estas palavras o Papa Francisco proclamava o Jubileu extraordinário da Misericórdia. E o seu intuito era que, olhando para o rosto do Senhor, os cristãos conhecessem a maravilha do amor do Pai e trouxessem para a sua própria vida o amor misericordioso aos irmãos.

Tanto São João Paulo II escrevendo uma encíclica sobre a misericórdia, quanto o Papa Bento XVI, que insistiu inúmeras vezes nesse aspecto da relação dos homens com Deus e entre si, mostram que é tema de grande atualidade e preocupação daqueles que governam a Igreja.

Francisco sublinhou o aspecto da caridade com os mais necessitados, num mundo

---

(*) Papa Francisco, Encíclica *Misericordiae vultus*, 1.

frio e racionalista. Tornou-se proverbial o seu desejo de que se chegasse a todas as «periferias existenciais», e comoveu o mundo com seus gestos de carinho e proximidade com todos os que sofrem ou passam qualquer tipo de necessidade.

Vinha também fazer um novo apelo ao perdão, na contramão do egoísmo galopante que assola a sociedade:

> É triste ver como a experiência do perdão na nossa cultura vai rareando cada vez mais. Em certos momentos, até a própria palavra parece desaparecer. Todavia, sem o testemunho do perdão, resta apenas uma vida infecunda e estéril, como se se vivesse num deserto desolador. Chegou de novo, para a Igreja, o tempo de assumir o anúncio jubiloso do perdão. É o tempo de regresso ao essencial, para cuidar das fraquezas e dificuldades dos nossos irmãos*.

(*) *Idem*, 10.

Dentro desse apelo, parece-me que vem em ótimo momento a nova edição de *A misericórdia divina*. Ao ver países se fechando à ajuda de milhares de refugiados de guerra; ao ver a ira e o ódio como motor de muitas propostas e atuações violentas; ao ver o coração de muitos cristãos fechados no seu comodismo, recusando-se a abri-lo aos que têm à sua volta..., parece que é mais necessário do que nunca voltar a olhar para a bondade e a misericórdia divinas, imitando Cristo no seu amor pelos mais necessitados.

Se essas páginas reacenderem a chama da misericórdia em alguns corações, já nos daremos por amplamente recompensados e mais confiantes em partilhar da Misericórdia de Deus.

São Paulo, 14 de novembro de 2015

Luiz Fernando Cintra

INTRODUÇÃO: VALE A PENA...?

— Vale a pena ler um livro sobre a misericórdia de Deus?

— Vale.

— Mas tenho tão pouco tempo para ler...

— Vale a pena.

— Mas acho que não tenho uma vida espiritual tão elevada assim...

— Por isso mesmo.

— Não será que é um assunto um tanto teórico?

— Pode ter a certeza de que não. Você verá que é o suporte da sua atitude básica para com Deus e do seu relacionamento com o próximo. Parece-lhe pouco?

Este diálogo com um imaginário leitor indeciso pode servir-nos de introdução a estas páginas.

É bem possível que as páginas que o leitor tem nas mãos não respondam a todas as questões sobre a misericórdia. Mas esperam despertar nele a certeza absoluta da importância da misericórdia para a vida dos cristãos dos nossos tempos. Importância tanto maior quanto mais profunda é a ignorância de que quase todo o mundo padece acerca desta virtude fundamental.

Perguntei a um universitário o que lhe sugeria a palavra misericórdia, e o que me disse foi: «Os filmes em que o ladrão está sob a mira do revólver do policial pronto para atirar, e então pede misericórdia». Até que não estava tão longe assim da realidade..., embora as suas palavras não chegassem propriamente a ser uma definição escolástica dessa virtude.

Normalmente, é por ser desconhecida que a misericórdia é rejeitada por tantos e tantas.

— Só queremos justiça, não queremos piedade nem misericórdia... — dizia com cara de poucos amigos uma representante de uma sociedade de amigos de bairro, diante do microfone do repórter, quando exigia providências para um problema local.

«Não queremos misericórdia». Isso é o que dizem nos nossos tempos os relativamente poucos que sabem o que significa a palavra. E é uma pena, porque são cada vez mais comuns — e, tantas vezes, dolorosos — os casos em que a mera «justiça», buscada na letra da lei ou dos contratos, só conduz a um relacionamento frio, tenso e desumano entre as pessoas particulares, empresas, associações diversas e grupos de interesses.

Os apelos à misericórdia como algo que supera a estrita legalidade começam pela *Sagrada Escritura*. Não há quase nenhum livro do Antigo Testamento que não trate da misericórdia. Nos Salmos, a referência é tão insistente como um estribilho de música; a palavra misericórdia e as suas derivadas aparecem mais de quinhentas vezes ao longo do texto. E toda a atuação de Cristo é, igualmente, atuação de misericórdia.

Saltemos para a *teologia* e tomemos o testemunho de São Tomás de Aquino. Que tem ele a dizer-nos? «Dentre todas as virtudes que dizem respeito ao próximo, a principal é a misericórdia»[1]. Diz também que «a religião cristã consiste eminentemente na misericórdia, quanto às obras externas». Só isto já deveria bastar-nos para demonstrar que temos motivos de sobra para conhecê-la e procurar aplicá-la à nossa vida.

Acrescentemos ainda que uma das primeiras e principais encíclicas publicadas pelo Papa São João Paulo II, e das mais ricas em conteúdo teológico, tem por título *Dives in misericordia* («Rico em misericórdia»). Trata exclusivamente da misericórdia em Deus e nos homens. Desta encíclica tiramos muitas das ideias que aparecerão ao longo destas páginas, e igualmente o estímulo para escrever sobre este tema.

Por fim, um pequeno episódio real bastará para ilustrar o papel essencial desta virtude. Há vários anos, os jornais traziam a notícia de uma senhora, mãe de família, que foi impedida pelos bombeiros de lançar-se do alto do edifício Andraus, em São Paulo. Segundo dizia a notícia, o marido estava desempregado havia tempos, a família tinha sido despejada por não poder pagar o aluguel, e estavam todos passando fome havia já alguns dias. Tomada pelo desespero, sem ver saída em parte alguma, essa pobre mulher decidiu pôr fim à sua existência. No dia seguinte, porém, o jornal publicava uma extensa relação de pessoas — centenas, literalmente — que se tinham disposto a ajudá-la com comida, terrenos e casas, empregos para ela e o marido, escola para as crianças etc.

Essas pessoas, a maioria das quais nunca tinha ouvido falar dessa mulher antes, souberam pôr-se à sua disposição num momento crucial, sem pedir garantias nem fiadores. Não se perguntaram se ela e os seus familiares teriam «direito» a essa ajuda, ou se mais para a frente viriam a «retribuir-lhes» o que tinham dado, conforme a estrita «justiça». Simplesmente perceberam a necessidade premente de ajuda dessa família e, com toda a certeza, introduziram a mão na carteira apenas porque sabiam que outra atitude não seria cristã.

Quem de nós não poderia apontar diversos casos semelhantes, muitas vezes dentro do círculo da nossa família ou dos nossos conhecidos? Mais ainda, quem de nós não passou por situações de «aperto» em que parecia não haver nenhuma saída ou solução humana? Se remexermos no baú da nossa memória, quantas ocasiões não encontraremos em que fomos socorridos por uma mão paterna ou materna, de um amigo ou de um simples conhecido que «teve misericórdia» de nós? Abriram-se assim soluções onde parecia não haver solução, razões para a esperança onde parecia não haver esperanças.

A misericórdia — em primeiríssimo lugar a que Deus tem por nós, depois a que os outros têm conosco e, em contrapartida, a que nós temos para com eles — *restitui a vida*, nas palavras fortes de São Paulo (cf. Ef 2, 5). Não é, pois, um luxo que «os fortes» possam muito bem desprezar..., porque neste mundo, na realidade, não há «fortes», pessoas que sejam autossuficentes, donas do seu destino e das suas circunstâncias sempre e em tudo. Mesmo que normalmente não chegue a ser questão de vida ou morte, a misericórdia é uma autêntica necessidade para os fracos, isto é, em última análise, para todos nós, porque não há ninguém que não carregue o fardo das limitações humanas.

Não vale a pena pensar em tudo isto? Sobretudo no fundamento último desta virtude, que não é apenas um bom sentimento, um impulso de solidariedade ou a ideia de que, um dia, talvez nós mesmos venhamos a precisar de que sejam misericordiosos conosco?

O QUE É A MISERICÓRDIA?

O que é a misericórdia? A misericórdia é amor. É um tipo especial de amor: um amor que vê a miséria alheia e a sente como se fosse própria, que deseja loucamente remediá-la da melhor forma possível. É assim que Deus nos ama. E é assim que devemos amar o nosso próximo*.

(*) Ao mencionar a misericórdia, os livros do Antigo Testamento utilizam na maioria das vezes duas palavras hebraicas de matizes diferentes. O termo *hesed* indica uma atitude de profunda bondade, e muitas vezes pode traduzir-se igualmente por «graça» ou «amor». Já a expressão *rahamin* denota o amor de mãe; provém de *hemen*, o seio materno, e indica uma grande gama de sentimentos, entre os quais a bondade, a ternura, a paciência, a compreensão e a prontidão para o perdão.

A definição nominal da misericórdia provém do latim *miseri cor*, que significa ter a miséria no coração. Não, porém, as *próprias* misérias, coisa que apenas nos tornaria pessoas «miseráveis», mas sim as misérias *alheias*, como se fossem próprias. Isso se dá, sobretudo, de uma forma maravilhosa e surpreendente em Deus. Ele olha para a nossa fraqueza e para as nossas falhas, e as contempla como se fossem *suas*. E não apenas se compadece da nossa miséria, mas intervém ativamente para que nos vejamos livres dela.

Quando falamos aqui de «miséria», devemos entender essa palavra no sentido mais amplo possível. Trata-se de tudo aquilo que signifique uma falha, insuficiência, fragilidade ou carência no ser humano. É miséria sobretudo o pecado, mas também o são a doença, a condição mortal do homem, a ignorância e a limitação da inteligência, a pobreza, a solidão, o desamparo, a invalidez, o desânimo... Enfim, tudo aquilo que mostra bem às claras que não somos deuses e que ainda não estamos na felicidade perfeita do céu.

Se hoje nos custa compreender o que é a verdadeira misericórdia, talvez tenha colaborado para isso a falta de um verbo que descreva essa atitude na língua portuguesa, já que não existe o verbo «misericordiar» ou «misericordiar-se». Ou será que ocorre o inverso? Não será que foi justamente por não atribuirmos grande importância a essa realidade que a língua não criou uma forma própria para designá-la, mas apenas o composto «ter misericórdia»? A questão interessa mais aos linguistas do que a nós, mas revela, sem dúvida, uma lacuna significativa, já que o latim, a origem da nossa língua, usa o verbo *«miserere»*, que se traduz ora por «ter compaixão», ora por «ter piedade» ou «ter misericórdia», em função das circunstâncias.

A misericórdia é um sentimento, de acordo. Nas pessoas normais, esse «aperto» do coração surge espontâneo diante do sofrimento dos outros, especialmente daqueles a quem amamos. Mas é, ao mesmo tempo, muito mais do que isso: chega a ser uma *atitude*, isto é, um *modo habitual de encarar* as outras pessoas e até as coisas, que por sua vez determina todo o nosso *modo de agir*.

Essa é a atitude que Deus assume para com toda criatura. Diante dEle, nós, os homens, somos como aquela pobre senhora a que aludimos. Tudo recebemos dEle, e nada podemos pagar-lhe. Estamos permanentemente em dívida. Mais ainda, somos devedores insolventes, e não podemos sequer apresentar como fiador o nosso caráter imaculado ou as nossas boas obras. O Senhor sabe muito bem que não conseguiremos nunca retribuir tudo aquilo que nos dá, e — aí é que está a misericórdia — *não espera* sequer que o façamos. Não se encara conosco de calculadora na mão, mas como um Pai que nos ama.

Não apenas recebemos todos os bens que temos, a começar por esse dom imenso que é a própria vida, mas, ainda por cima, fizemos de tudo para não merecê-los. Pelo pecado original, tínhamos voltado as costas ao Dador de todas as graças, e pelos nossos pecados pessoais rebelamo-nos contra Ele. E Ele, *Pai das misericórdias* (2 Cor 1, 3), longe de se dar por ofendido, entregou por nós o seu próprio Filho unigénito, para que pagasse em nosso lugar a dívida esmagadora que tínhamos contraído com o pecado e assim deixasse bem claro que estava aberta, de uma vez para sempre, a porta de acesso ao coração divino, o caminho do retorno, que é um *umbral de misericórdia*.

«A misericórdia de Deus é a essência de toda a história da salvação, o *porquê* de todos os atos salvíficos. Quando os Apóstolos quiserem resumir a Revelação, aludirão sempre à misericórdia como *eixo* de um plano eterno e gratuito, generosamente preparado por Deus. O salmista pode assegurar com toda a razão que *a terra está repleta da misericórdia do Senhor*. A misericórdia é a atitude constante de Deus para com os homens. E recorrer a ela é o *remédio universal para todos os nossos males*, incluídos aqueles que julgamos não terem remédio»[2].

Tudo é vaidade

Mas é aí que está a questão. O ser humano, sobretudo na nossa época, *não gosta* de reconhecer-se miserável, nem frágil, nem necessitado. Como dizia São João Paulo II, o homem do nosso tempo «não *tem a coragem* de pronunciar a palavra "misericórdia", ou não encontra o equivalente dela na sua mentalidade despojada de conteúdo religioso [...]. A consciência humana, sucumbindo à secularização, [tende a] perder o senso do significado próprio da palavra "misericórdia"»[3]. Parece-lhe que isso significaria rebaixar-se, pôr-se numa condição de inferioridade, por mais que essa inferioridade seja a dependência de toda criatura com relação ao seu Criador.

Neste sentido, algumas tendências da mentalidade moderna simplesmente renovam velhos erros, como o de Sêneca, que dizia que «a misericórdia da alma é um vício, pois o sábio não se compadece»; ou, mais recentemente, o de um autor ateu que vem retornando aos palcos da fama — Nietzsche —, que se recusava a incluir a misericórdia entre as virtudes do seu «super-homem».

Na raiz desse modo de pensar estão dois defeitos que são uma espécie de gêmeos xifópagos. O mais grave é o *orgulho*, a arrogância do homem que se considera «um forte», autossuficiente e plenamente capaz de conduzir sozinho a sua vida, sem precisar da ajuda de ninguém; e a sua irmã menor, mas estreitamente unida a ele, a *vaidade*. Comecemos por esta última.

Mestra na arte cosmética do disfarce, a vaidade gosta de vestir máscaras, máscaras que se destinam a fazer-nos «cair bem» no gosto dos outros. Faz-nos cultivar a nossa *imagem*, a imagem da pessoa bem-sucedida, do arrojado, do intelectual, do «perfeitinho»... Leva-nos a representar mentalmente todos os gestos, falas e trejeitos que combinem com o papel que tenhamos escolhido para determinada ocasião ou para a vida. E, muito naturalmente, leva-nos a sentir receio ou horror de nos vermos desmascarados, de ficarmos «nus» diante dos outros.

Esse conflito entre o que somos na verdade e o que gostaríamos que os outros pensassem que somos leva-nos a sentir autêntico horror de aceitar e de reconhecer publicamente que «estamos por baixo». Ninguém gosta de procurar o gerente do seu banco, não para aconselhar-se mais uma vez sobre a melhor forma de aplicar os seus milhões, mas para confessar-se num aperto financeiro e pedir-lhe um empréstimo de emergência; ninguém gosta de reconhecer que falhou no seu trabalho e agora depende da benevolência do chefe; não agrada a nenhuma «*socialite*» perceber que, naquela festa, todos reconheceram com um muxoxo de desprezo o vestido que estreou no verão passado...

Essa dificuldade de «expor-nos», de comportar-nos com «naturalidade», deixando-nos ver como somos, vai-nos isolando, prendendo-nos cada vez mais nas malhas de uns condicionalismos postiços, que nos sufocam e nos desamparam. «Quando fui tirar a máscara», confessa o poeta Fernando Pessoa, «estava grudada à cara»[4].

O remédio para este vício, claro está, consiste em «tirar a máscara», por mais que nos doa; ou seja, reconhecer as nossas fraquezas, aceitar com sinceridade os nossos defeitos, e aceitar igualmente as suas inevitáveis consequências: as *humilhações*. «O caminho da humildade passa pelas humilhações», diz o adágio. Além de nos reconduzirem ao terreno sólido da verdade, têm o paradoxal efeito de atrair o consolo, a misericórdia, a benevolência dos outros e, em primeiríssimo lugar, de Deus. Todos experimentamos já uma vaga de carinho diante de um filho pequeno que vem lealmente reconhecer a sua falta e pedir-nos perdão. Ora, se essa é a reação normal que os homens experimentam, como não será a misericórdia com que Deus nos envolverá se confessarmos humildemente as nossas misérias diante dEle?

As humilhações a que os nossos defeitos nos expõem devem levar-nos a uma atitude habitual de total *sinceridade diante de Deus*, como a de uma criança boa com o pai a quem desgostou. Trata-se de abaixar todas as defesas, todas as justificativas, todas as elaboradas «explicações» com que nos escusamos dos nossos pecados, para desnudar-nos inteiramente diante do Médico divino e expor-lhe a nossa insuficiência. E então veremos como nos toma nos braços, nos consola e nos acalenta. Onde esperávamos apenas gélida reprovação, encontraremos o carinho de um Pai comovido. Essa é a misericórdia divina, diante da qual é insensato fingir.

O orgulho diante de Deus

O segundo defeito, mais grave, que impede o homem moderno de aceitar e de recorrer à misericórdia de Deus é, como dizíamos, o *orgulho*. Para compreendê-lo, não pensemos nos «grandes orgulhosos», os tiranos ou potentados, os megalomaníacos e arrogantes; basta-nos pensar nesse orgulho cotidiano e comezinho que, aliado às facilidades da vida moderna, faz com que vivamos na prática como se fôssemos autossuficientes, como se não precisássemos de Deus para nada.

Para a profissão, pensamos, bastam-nos e sobram-nos os nossos próprios talentos, o nosso currículo, a experiência acumulada ao longo dos anos. Na vida familiar, é evidente que quem está errado são os filhos e a esposa (ou o marido): não é preciso pensar duas vezes para ver que tal ou qual despesa é absolutamente injustificável! Como nos irritam esses conselhos contínuos da mulher para que dirijamos mais devagar, quando faz anos que enfrentamos sem um único acidente o tráfego neurotizante da megalópole, ao passo que ela já conseguiu duas vezes amassar o carro manobrando na garagem!

Se a vaidade cuida da nossa imagem *diante do «público»*, o orgulho é pior porque nos infunde uma falsa ideia *de nós mesmos*. Damos-lhe o nome de «profissionalismo», «competência», «experiência», «qualificação»... quando deveríamos usar palavras como «arrogância», «inflexibilidade», «teimosia», «rigidez»... O orgulho, diz-se classicamente, é um vício que produz *cegueira*. Incute-nos uma falsa autonomia, a ilusão de que somos plenamente capazes de «resolver tudo sozinhos», contando apenas com as nossas próprias forças. E por isso mesmo, impede-nos de reconhecer a nossa radical necessidade de Deus, que se estende a absolutamente todos os campos da nossa vida.

Esse mal não é meramente pessoal; atinge hoje dimensões inusitadas de importância social. «A palavra misericórdia e o conceito de misericórdia parecem causar um certo mal-estar ao homem, o qual, graças ao enorme desenvolvimento da ciência e da técnica, nunca antes verificado na história, se tornou senhor da terra e a subjugou e dominou. Tal domínio sobre a terra [...] parece não deixar espaço para a misericórdia»[5].

No entanto, o homem e o mundo contemporâneo «precisam dessa misericórdia, mesmo sem muitas vezes o saberem»[6]. Dizia uma alma santa que «não há maior miséria do que ser miserável e nem sequer o suspeitar»[7]. Porque é este o resultado do orgulho: cega a pessoa para a própria miséria, e ao mesmo tempo torna-a incapaz de reconhecer que está cega.

Dessa forma, o orgulho produz o *endurecimento* do coração, que se encerra em si mesmo e se isola de Deus e do mundo mediante uma grossa casca de falsa autonomia. O orgulhoso aprova de antemão tudo o que pensa e faz, ao passo que está com um pé atrás quanto ao que os outros pensam e fazem. Julga tudo em função de si e dos seus planos, e nos outros enxerga apenas degraus para subir, adversários que é preciso vencer ou meros «insetos» que se podem desprezar. Considera-se no direito de julgar até as intenções alheias — são todos uns mal-intencionados ou uns hipócritas, que só pensam em «atropelar os seus direitos», em «passar-lhe a perna»; são «ignorantes», «estreitos», «rudes», «fracos», «maus».

São Tomás de Aquino afirma agudamente que o defeito oposto à misericórdia para com os outros é a *inveja*[8], que por sua vez é também um subproduto do orgulho. Enquanto o misericordioso, ao topar com a fraqueza e a humilhação do próximo, só pensa em remediá-las, o orgulhoso regozija-se por vê-lo caído. Alegra-se ao saber que um colega perdeu uma boa oportunidade de fechar um negócio, e, inversamente, entristece-se ao saber que as coisas lhe correm bem, por exemplo, quando lhe contam que a filha desse colega reatou o noivado e vai casar no mês que vem.

A casca protetora feita de ilusão, de arrogâncias defensivas e de juízos irredutíveis que cerca o coração do orgulhoso torna-o, como é evidente, impenetrável à graça de Deus. É um fato que a maioria dos ateus e agnósticos não o são por serem inteligentes, mas por se orgulharem obsessivamente da sua própria razão — que, por sinal, não devem a si mesmos, mas ao mesmo Deus que negam. Mas também o cristão que não «sente necessidade» de confessar-se e de ir à Missa, ou que pensa que a Igreja não «tem o direito de intrometer-se na sua vida privada» e ditar-lhe o que fazer ou deixar de fazer — por exemplo, em matéria de moral sexual ou de contracepção também esse cristão padece da cegueira do orgulho.

Para combater esse vício terrivelmente persistente, é preciso reconhecer uma e outra vez que, nas palavras de Fernando Pessoa, cada um de nós é «um balde despejado»[9]. Somos recipientes ocos, sempre necessitados de que se derramem em nós a ajuda, o perdão, a compreensão de Deus. Ninguém mais autorizado do que São Paulo para «definir» o que realmente somos, e é ele quem nos diz que somos *vasos de misericórdia* (Rom 9, 23), recipientes capazes de receber a Deus unicamente na medida em que reconhecermos o nosso vazio interior.

Tendemos a insurgir-nos com o aspecto de *desigualdade* que parece ser inerente à misericórdia, e que, por isso mesmo, parece ofender a nossa dignidade de «homens modernos», «autossuficientes» e «sofisticados», de que sempre nos mostramos tão ciosos. Na parábola do filho pródigo, Cristo mostra-nos claramente que a realidade é precisamente o inverso. Embora num primeiro momento reivindicasse o seu «direito à autonomia», não é o filho quem sabe preservar a sua dignidade, antes avilta-se a ponto de considerar um grande benefício poder comer a comida dos porcos. É o *pai* quem lhe restitui a dignidade perdida, recusando-se a admiti-lo como um dos seus servos, devolvendo-lhe a condição de filho muito amado, vestindo-o com roupas de festa, anel e sandálias novas, oferecendo um banquete em sua honra.

Fica evidente, pois, que a misericórdia divina, longe de rebaixar o ser humano, lhe *confere de novo a sua dignidade original*. Na mesma passagem que acabamos de citar, São Paulo chama-nos também *vasos de honra*, na medida em que somos merecedores da atenção de um Pai tão bom pelo esvaziamento de nós mesmos; e *vasos de ignomínia*, se insistirmos em agarrar-nos à nossa autoilusão.

Sempre que Deus derrama a sua misericórdia sobre nós, está-nos devolvendo os bens que havíamos perdido por culpa própria, por um falso sentido de independência, e restituindo-nos a dignidade humana junto com a dignidade de filhos de Deus. Assim, ao fazer-se receptor da misericórdia divina, o ser humano não sai *humilhado e devedor*, mas sim *valorizado e vencedor*.

Que razão tinha São Bernardo, quando exclamava: «O meu único mérito é a misericórdia divina»! Quem chega a fazer seu esse grito pungente mostra que, por fim, mergulhou no âmago da sua vocação de cristão.

Misericórdia e compaixão

Para entendermos melhor a misericórdia, convém fazer ainda uma distinção entre duas palavras que na linguagem diária aparecem frequentemente como sinônimas: *misericórdia* e *compaixão*.

A compaixão é o sentimento de tristeza que surge em nós quando temos notícia do sofrimento de alguém. Sentimo-nos como que arrastados a sofrer juntamente com essa pessoa. É o sentimento que pode afetar-nos ao vermos um bêbado jogado numa calçada, ao assistirmos a uma reportagem sobre a seca e a fome em determinada região do país, ou ao sabermos que um conhecido nosso está com câncer: sofremos com aquela situação, a nossa alma se entristece e o nosso coração fica dolorido.

O próprio nome «compaixão» mostra bem o conteúdo dessa virtude: *com-paixão*, padecer junto com. Esse sentimento não se dá em Deus, porque Ele é perfeitamente feliz e nunca se entristece, como pode acontecer conosco. Embora a Sagrada Escritura afirme que Deus «se move de compaixão», trata-se de um modo de dizer, tal como se diz que Deus «olhou», embora não tenha olhos, ou que «chorou», embora não tenha lágrimas. A compaixão é, portanto, um sentimento especificamente humano.

A misericórdia, no entanto, essa sim dá-se em Deus, e em plenitude de perfeição. É atributo da caridade divina. E, como em Deus os atributos são a sua mesma essência, podemos dizer com toda a propriedade que *Deus é misericórdia*.

Enquanto a compaixão sempre se refere a uma necessidade concreta do próximo — a doença de alguém, os erros que tal pessoa cometeu, a pobreza de uma família ou de um grupo de pessoas —, a misericórdia divina «refere-se sempre à *miséria* de toda criatura humana. O objeto próprio da misericórdia de Deus é o desamparo e a fragilidade de todos os homens vítimas do pecado original. Cada desgraça particular é uma manifestação da *miséria* geral, própria da situação metafísica do homem originalmente caído»[10].

Todos os atos de misericórdia entre os homens, se quiserem ser autênticos e não mera filantropia ou solidariedade social, serão sempre reflexo, participação, resultado da misericórdia divina para com o ser humano decaído por natureza.

Misericórdia e amor

A misericórdia é como que o «segundo nome do amor», e por isso tem como característica própria *agir* «perante a realidade do mal que existe no mundo, que assedia e atinge o homem, que se insinua até no seu coração»[11]. Mas vale a pena traçarmos também a distinção que há entre misericórdia e amor: a diferença consiste justamente em que a primeira se orienta para a *miséria*, ao passo que o segundo aponta para a própria *pessoa* amada, tal como é.

Para que haja misericórdia, tem de haver uma *diferença de situação* entre aquele que ama e aquele que é amado. Entre as três Pessoas da Santíssima Trindade há amor, mas não há misericórdia, porque todas são igualmente divinas, inteiramente isentas de qualquer sombra de miséria. Entre os doentes de um hospital, por sua vez, e embora possa acontecer que todos sejam igualmente miseráveis, pode haver compaixão mútua perante os sofrimentos dos outros, mas não propriamente misericórdia. Já entre o médico, o enfermeiro ou qualquer outra pessoa saudável e os doentes internados no hospital, é natural que haja uma relação de misericórdia. Entre Deus e o homem, a única relação possível é, pois, a de um Amor misericordioso por parte do Senhor.

Essa desigualdade, repito, não significa que haja «rebaixamento» por parte de quem recebe misericórdia, ou «superioridade» por parte de quem a exercita. Porque este busca remediar as misérias alheias *como se fossem próprias*. Esta é a grandeza deste tipo de amor: na misericórdia, tanto o que tem misericórdia como o que só tem misérias saem engrandecidos.

Ora bem, se toda a existência humana está repleta de misérias, erros, fragilidades e pecados, «Deus, que "é amor", *não se pode revelar de outro modo* [ao homem] que não seja *como misericórdia*»[12]. Na outra vida, «a misericórdia revelar-se-á como amor», porque já não teremos nenhuma miséria a ser curada ou remediada; neste mundo, porém, «o amor deve revelar-se sobretudo como misericórdia»[13] — tanto a misericórdia de Deus para com os homens, como, à sua semelhança e na sua raiz, a misericórdia dos homens uns para com os outros.

Por ser amor, a misericórdia não se contenta com experimentar passivamente sentimentos de compaixão, mas *atua*. Mais ainda, *toma a iniciativa* da ação, sem esperar ser solicitada. E isto, por uma razão muito simples e muito boa: miserável é aquele que está impedido de «ajudar-se» a si mesmo, precisamente pela sua própria miséria.

Podemos vê-lo na passagem do Evangelho que nos conta como Cristo entrou na aldeia de Naim, no norte da Palestina, no decurso de uma das suas viagens apostólicas. À entrada do povoado, deparou com uma procissão fúnebre que levava para ser enterrado *um rapaz, filho único de sua mãe, que era viúva*. Ao que parece, essa gente não sabia quem era aquele que se aproximava cercado dos seus discípulos e de toda uma multidão, pois a ninguém ocorreu pedir-lhe nada. No entanto, vendo Jesus a dor daquela mãe, *compadeceu-se dela*, da sua dor que não tinha voz e não sabia pedir. Aproximando-se, o Senhor *tocou o féretro e disse: «Moço, eu te digo, levanta-te». O morto sentou-se e começou a falar, e Ele entregou-o à sua mãe* (cf. Lc 7, 11-17).

Deus não precisa, propriamente falando, de que peçamos a sua ajuda ou lhe demos licença, e não espera sequer que nos demos conta da necessidade que temos dEle. Para redimir-nos, para meter-se na nossa vida e até, se for o caso, «ressuscitar-nos», basta-lhe o amor infinito que nos tem. Não foi outra a causa dessa impressionante história de amor do Criador pela sua criatura que se chama Redenção.

RICO EM MISERICÓRDIA

Recorrer a quem pode dar

«Na noite de Natal, um homem molhado até os ossos apareceu na porta dos fundos de um conhecido restaurante de Nova York. Conversou com os funcionários, desejou-lhes um Feliz Natal e pediu alguma coisa para comer; fê-lo de um modo tão suplicante que lhe deram o melhor prato do dia. Ao terminar, esse senhor agradeceu à jovem que o tinha servido e elogiou muito a comida. Quando se encaminhava para a saída, a moça notou a ponta de um livreto que sobressaía do seu bolso esfarrapado: era o guia *Os melhores restaurantes do país...*»[14]. Esse homem podia ser pobre, podia estar esfarrapado e faminto, mas uma coisa não podemos negar: *sabia a quem pedir...*

E nós? Postos a pedir, peçamos a quem mais nos pode ajudar: ao melhor, ao mais rico, numa palavra, a Deus.

Um dos principais temas da pregação de Cristo é, sem sombra de dúvida, a misericórdia de Deus. Seja pelos seus discursos, seja pelas suas parábolas, o Senhor deseja inculcar-nos, para que nunca tenhamos a menor dúvida, que o nosso Deus é um Deus *rico em misericórdia* (Ef 2, 4), tal como o expressa vivamente São Paulo nas suas cartas.

Bem é verdade que já no Antigo Testamento Deus se tinha revelado a Moisés como *Deus compreensivo e misericordioso, lento para a cólera e cheio de bondade e fidelidade* (Ex 34, 6). Já antes de Cristo, o povo de Israel podia alegrar-se por se dirigir a um Deus tão disposto a acolher o seu arrependimento e as suas súplicas, a ampará-lo em todas as suas necessidades. Mas a verdade é que nem sempre prevaleceu esse modo de ver a Deus, e que muitas vezes se ressaltou sobretudo a sua implacável Justiça.

Graças à Revelação do Novo Testamento, sabemos que «o primado e a superioridade do amor em relação à justiça [...]

manifesta-se precisamente através da misericórdia»[15]. Deus é justo, sem dúvida, e infinitamente justo; mas, sobretudo, ama, e ama também infinitamente. E ama-nos com as nossas fraquezas, sabendo perfeitamente como somos. O especial poder do Amor divino prevalece sobre as ofensas que cometemos contra a Justiça divina com os nossos pecados e as nossas infidelidades.

O «Pai das misericórdias»

Na relação entre o Criador e as suas criaturas, a misericórdia só tem lugar porque as criaturas *têm misérias*. Se o Pai não tivesse criado o homem, e o homem não tivesse pecado, nem por isso Ele teria deixado de ser verdadeiramente bom, mas não teria sido atualmente misericordioso, porque *a misericórdia só se exerce com os miseráveis*. Mas Ele nos criou plenamente consciente das nossas fragilidades, e ama-nos infinitamente apesar dessas nossas limitações.

Mesmo o pecado, que é a maior das nossas misérias, obriga o amor divino a apresentar-se sob a forma particular da misericórdia. Como diz um autor espiritual: «O pecado atinge Deus porque o ofende, mas também não o atinge porque nunca o muda. É verdade que modifica os seus atos, mas não modifica a sua essência, isto é, deixa intocada a sua disposição primordial e substancial para conosco: o amor que nos tem. Numa palavra: em face do nosso nada, a sua bondade transforma-se em amor; em face do pecado, o seu amor converte-se em misericórdia [...]. É verdade que a santidade divina tem tal horror pelo pecado que a sua Justiça se vê obrigada a puni-lo; mas é precisamente por isso que a misericórdia divina se comove incomparavelmente mais com essa desgraça do que com qualquer outra que pudesse atingir-nos»[16].

Sabemos muito bem qual seria o nosso destino se Deus empregasse apenas a medida da justiça. Eis por que pedimos com o Salmista: «*Si iniquitates observaveris, Domine, Domine, quis sustinebit?*» — *Se reparares nas nossas iniquidades, Senhor, quem poderá subsistir?* (Sl 129, 3).

Por isso, São Josemaria Escrivá podia dizer: «Não temas a Justiça de Deus. — Tão admirável e tão amável é em Deus a Justiça como a Misericórdia; ambas são provas do Amor»[17].

Ou ainda, como afirmava Santa Teresa de Lisieux: «Até mesmo a justiça de Deus — e talvez mais do que qualquer outra perfeição — me parece revestida de amor»[18]. Num Deus tão misericordioso, não há por que temer a justiça. Poderíamos dizer que a balança da justiça de Deus é uma balança divinamente «desbalanceada», onde o prato se inclina sempre em nosso favor.

A palavra com que Jesus Cristo promete a vinda do Espírito Santo — *Paráclito* — é extremamente significativa. Esse termo grego quer dizer «advogado», aquele que defende um réu, ou ainda «consolador». Esta expressão mostra-nos que o próprio Deus Espírito Santo se adianta para nos defender; recorda-nos que Ele está do nosso lado. É um Defensor misericordioso, que se compadece das nossas falhas e se encarrega da nossa causa.

«Há alguns teólogos que afirmam ser a misericórdia o maior dos atributos e perfeições de Deus [...]. Não se trata aqui da perfeição da imperscrutável essência de Deus no mistério da própria divindade, mas da perfeição e do atributo graças aos quais o homem, na verdade íntima da sua existência, se encontra particularmente *próximo*, e com muita frequência, *unido* ao Deus vivo»[19]. Como nos reconforta dirigir-nos a um Deus assim, cuja perfeição é perdoar, e cujo atributo é compreender!

Cristo, a misericórdia de Deus

A primeira declaração messiânica de Cristo recolhida por São Lucas (Lc 4, 18 e segs.) — cujo Evangelho é com frequência chamado o «Evangelho da misericórdia» — fala de pobres, cativos, cegos, oprimidos. Retrata todas as misérias dos homens e recorda que o Messias veio para compadecer-se delas e remediá-las. E o remédio — como foi amargo esse remédio! —, tomou-o sobre si próprio, assumindo a nossa natureza e abraçando o sofrimento na Paixão.

Não nos esqueçamos de que Cristo veio ao mundo para nos salvar do pecado. A própria *razão de ser* da Encarnação, da vinda de Deus a este mundo, é precisamente o combate ao pecado e o desejo de salvação do pecador: a misericórdia divina, em suma. Repassando as páginas do Evangelho notamos como esse sentimento consumia o Senhor. Cada gesto, cada palavra, cada milagre, tem como fim principal a redenção da humanidade, de cada um de nós.

É o que se retrata na passagem em que um homem *coberto de lepra* se aproxima de Cristo (Lc 5, 12 e segs.). A sua pele estava repleta de manchas, ulcerações e pústulas: era um retrato vivo da miséria humana. Lançou-se aos pés do Messias e disse-lhe, suplicante: *Senhor, se queres, podes limpar-me*. Perante aquele triste espetáculo, o Mestre, *enternecido, estendeu a mão e tocou-o*, enquanto murmurava: *Sim, quero; sê limpo*. Enquanto todos fugiam com repugnância daquele pobre homem, Jesus fez questão de tocar aquela pele carcomida com as suas mãos. Era como se dissesse: «Eu vim exatamente para isso: para curar as chagas, para limpar o pus, para refazer o que está apodrecido»... *E logo a lepra desapareceu e ele ficou limpo.* Da mesma forma, Cristo não sente repugnância diante das chagas da nossa alma, por maiores que nos possam parecer: foi para curá--las que veio, e só espera que nos aproximemos dEle para tocá-las com as suas mãos e deixar-nos curados.

Por isso Bossuet podia dizer, com certa audácia: «Jesus Cristo, como Filho de Deus, sendo a santidade por essência, conquanto lhe seja agradável ver a seus pés um pecador que se converte, ama todavia com um amor mais forte a inocência que nunca se desmentiu... Mas tomou, por amor a nós, outros sentimentos quando se fez nosso Salvador. Como Deus, prefere os inocentes, mas — regozijai-vos, cristãos! —, como Salvador misericordioso, veio procurar os culpados; vive por eles, porque para eles foi enviado»[20].

Mas, para entendermos mais a fundo a infinitude dessa misericórdia divina, devemos penetrar no mistério pascal, no mistério da Paixão, Morte e Ressurreição de Cristo.

Na Paixão, Cristo torna-se *digno de misericórdia* e parece apelar para a misericórdia. Mas não recebe essa misericórdia, nem das autoridades, nem dos inimigos, nem dos discípulos. Nem sequer o Pai o poupou ao sofrimento, quando lhe pediu suplicante no Horto das Oliveiras: *Pai, se queres, afasta de mim este cálice* (Lc 22, 42). O Senhor havia de pagar pelos nossos pecados, e por isso não lhe foi poupado nada.

Com a sua Paixão e Morte cruentíssimas, Cristo pagou de forma superabundante o preço pelos nossos pecados. A justiça do pecado foi feita em Cristo, à custa do *seu* Sangue, do *seu* Sacrifício. As necessárias exigências da Justiça infinita do Pai foram satisfeitas, e agora só encontramos nEle a disposição para o perdão.

Como é imenso o reconhecimento que devemos ter a Deus pelo perdão divino! Podia ter-nos redimido com um simples ato da sua vontade, e no entanto quis fazê-lo do modo — se se pode dizer assim — mais «custoso» para Ele, «cortando na própria carne», assumindo sobre si o preço mais elevado.

«A Redenção traz em si a revelação da misericórdia na sua plenitude. [...] Crer no Filho crucificado significa "ver o Pai", significa crer que o amor está presente no mundo e que este amor é mais forte do que toda espécie de mal em que o homem, a humanidade e o mundo estão envolvidos. Crer neste amor significa acreditar na misericórdia»[21]. A imagem de Cristo crucificado é a imagem viva da misericórdia divina. A cruz de Cristo é «uma revelação radical da misericórdia, ou seja, do amor que se opõe àquilo que constitui a própria raiz do mal na história do homem: opõe-se ao pecado e à morte»[22].

Nada no mundo pode invalidar, abater ou desfazer de qualquer forma a atuação dessa misericórdia divina na história do mundo e na das nossas almas. Até mesmo aqueles que condenaram e pregaram o Senhor à cruz «pensavam — diz Robert Benson — estar pondo ponto final numa vida de misericórdia que os irritava, e não sabiam que estavam na verdade cooperando com a plenitude da graça e da misericórdia»[23] que, desde a Sexta-feira Santa, se derrama sobre o mundo através de Cristo.

Certa vez, um altivo gentil-homem da família Visdomini ia em busca do assassino do seu irmão pelas ruas de Florença. Chamava-se João. O seu coração clamava por vingança. Era Sexta-feira Santa, dia de luto para a cristandade, mas o seu luto familiar pesava mais na sua alma ferida. A certa altura encontrou o assassino, enfrentou-o com a sua espada e subjugou-o. Quando estava para dar o golpe fatal, o outro abriu os braços, e isso recordou a João a imagem do Crucificado que naquele mesmo dia vira levado em procissão pelas ruas. Arrependeu-se, lançou longe a espada, abraçou aquele que tinha sido inimigo e foi à igreja lançar-se aos pés do crucifixo. A partir daquele momento, mudou inteiramente de vida. Com o passar dos anos, viria a ser chamado São João Gualberto*.

Olhar para um crucifixo é, em muitas ocasiões, a maneira mais simples de recordar o

---

(*) São João Gualberto († 1073) fundou em Vallombrosa uma congregação monástica que segue a Regra de São Bento.

amor de Deus por nós. Quantas coisas se podem simplificar na nossa vida com esse simples olhar! Cristo flagelado, Cristo sem uma voz que o defenda nas horas vis do julgamento, Cristo em agonia, Cristo morto não tem outra explicação que a misericórdia divina no encalço do homem.

Mas, como diz o Papa João Paulo II, «Cristo pascal é a encarnação definitiva da misericórdia»[24]. A imagem que ficará gravada na memória dos Apóstolos que puderam ver Cristo ressuscitado é a da compreensão, do carinho, do amor. Ele não os repreende pelas negações e fugas de que foi objeto e que presenciou nas horas cruciais do seu sofrimento e morte. Não os acusa pela sua deslealdade, nem mesmo por alusões veladas. Aparece-lhes com a familiaridade afetuosa de sempre e deseja a paz àqueles corações atormentados pelo remorso. Não lhes retira a confiança, mas confirma-os na esperança e na missão para a qual os escolhera. Esse é o Jesus Cristo que ressuscitou e que permanece sempre o mesmo, até a sua segunda vinda no fim dos tempos.

O Bom Pastor

Certa vez, explicavam a um garoto, na aula de catecismo, a história de Judas: a sua traição, o seu remorso e o seu triste fim, dependurado de uma árvore.

— Se você tivesse tido a enorme desgraça de atraiçoar Cristo, teria feito como Judas?

— Acho que sim...

O professor ficou consternado.

— Você iria pendurar-se numa forca como ele?

— Eu iria pendurar-me... não numa árvore, mas no pescoço de Jesus, pedindo-lhe que me perdoasse...

Nada como a simplicidade das crianças para «dar no cravo»! Depois de cometermos um erro grave contra quem nos ama, a atitude mais lógica não é afastar-nos dessa pessoa, e sim aproximar-nos dela o mais possível, a fim de pedir-lhe perdão.

O pecado é o pior — ou o único — mal que de verdade nos deve afligir. Ofende a

Deus e distancia-nos dEle, que é *caminho, verdade* e *vida*, pois fora dEle nada mais há que extravio, mentira e morte. Ora, para voltarmos a Ele, o único meio é recordarmos e recorrermos à sua misericórdia. E quanto mais grave tenha sido a ofensa, mais rapidamente deveríamos voltar, com a consciência de que Deus sempre está disposto a «esbanjar» o seu perdão sem nos humilhar, e que se alegra imensamente ao ver-nos voltar.

Na parábola da ovelha perdida, Cristo diz-nos que a alegria no Céu é maior pela recuperação da ovelha que se perdeu — sim, precisamente daquela que lhe deu mais trabalho por ter fugido e se ter perdido, daquela que exigiu uma longa busca por montes e vales, despenhadeiros e brenhas até ser recuperada — do que pela simples presença de todas as outras ovelhas agasalhadas sob a proteção do pastor. Por isso, o cristianismo nascente gostará tanto de representar Cristo sob a imagem do Bom Pastor que carrega aos ombros a ovelha extraviada. E Ele mesmo nos diz ainda: *Alegrai-vos comigo, porque achei a minha ovelha perdida* (Lc 15, 6).

Não deixa de ser um pouco desconcertante essa «predileção» de Cristo. Significará, por acaso, que convém desgarrar-se, afastar-se dEle, para depois dar-lhe uma alegria maior? Obviamente, não. Significa que nunca temos a menor desculpa para permanecer longe de Deus, se por acaso nos extraviamos. Significa que o céu se enche de alegria quando, apesar dos nossos afastamentos, desvios, erros grosseiros..., reempreendemos o caminho, carregados nos ombros do Bom Pastor.

Comentando esta passagem, dizia São Gregório Magno: «A suprema Misericórdia não nos abandona nem mesmo quando nós a abandonamos»[25]. Ele nunca dá por definitivamente perdida nenhuma das suas ovelhas.

A maior prova da misericórdia divina

Qual é a maior prova da misericórdia divina? Podemos responder, sem receio de nos equivocarmos, que é o sacramento da misericórdia: *a Confissão sacramental*. É nela que Deus nos mostra a maravilha do seu coração. Pede a acusação contrita dos nossos pecados e perdoa-nos tantas vezes quantas nos aproximamos dEle. Não *sete vezes, mas setenta vezes sete*, e muitas mais se for necessário (cf. Mt 18, 22)...

«É o sacramento da penitência ou reconciliação que aplana o caminho a cada um dos homens, mesmo quando estão sobrecarregados com graves culpas. Neste sacramento, todos os homens podem experimentar, de modo singular, a misericórdia, isto é, aquele amor que é mais forte do que o pecado»[26].

A misericórdia, como os demais atributos divinos, é infinita. É, portanto, inesgotável, por mais que se somem os nossos erros e pecados. *Deus nunca se cansa de nos perdoar*, por mais que nós não nos cansemos de pecar. Ora, isso deveria estimular-nos enormemente a recorrer com frequência ao sacramento do perdão! Sempre que o necessitemos e sempre que seja conveniente para a nossa alma. Não só como um remédio para situações extremas, mas para as necessidades normais da vida.

Pouca sintonia com a misericórdia divina mostram aqueles que adiam a recepção do sacramento da Confissão para mais tarde, para outro momento, ou que esperam uma data especial para fazê-lo. Se há já muitos anos que não recorremos ao perdão divino na Confissão, esta pode muito bem ser a ocasião ideal, esta que agora se apresenta diante de nós para conhecer o coração infinitamente misericordioso de Cristo.

Aquela mulher que foi surpreendida em adultério e levada diante de Cristo sentiu-se extremamente envergonhada e pensava que — se por acaso escapasse de ser apedrejada — receberia uma severíssima repreensão daquele Mestre que falava tanto da virtude, do bem, da santidade de vida... Mas depois de ouvir as palavras: *Quem estiver livre de pecado, atire a primeira pedra* — que certamente a assustaram profundamente (pensando que bastaria uma primeira pedra para que, atrás dela, logo viesse uma enxurrada, e a seguir o fim da sua vida) —, ouviu estas outras: *Mulher, ninguém te condenou?* Timidamente, olhando em torno de si e vendo que os seus acusadores tinham desaparecido como por encanto, respondeu: *Ninguém, Senhor*. E Jesus: *Nem eu te condeno; vai, e não peques mais* (cf. Jo 8, 1-11).

Cristo não deixa de chamar o pecado de pecado, mas prefere o perdão ao castigo. É assim que continua a atuar conosco nesse «tribunal da misericórdia» que é o sacramento da penitência. Quer que chamemos os nossos pecados de pecado, mas quer também prodigalizar-nos o seu perdão.

Se, por outro lado, nos confessamos não faz muito tempo, e *já é hora* de que voltemos a confessar-nos, não deixemos essa decisão para mais tarde. Ponhamos todos os meios para examinar a nossa consciência, doer-nos das nossas faltas, buscar o confessor para acusar-nos dos nossos pecados e receber a absolvição que, como sabemos, é dada não pelo sacerdote, mas pelo próprio Cristo.

E ainda, se nos confessamos *habitualmente*, não permitamos que a rotina domine as nossas confissões, pois nesse sacramento o amor sempre deve intervir como um constitutivo essencial. Que pena se nos *acostumássemos* a ser perdoados!

Mostraríamos desconhecer o altíssimo preço que Deus pagou para nos livrar do pecado. Estaríamos deixando-nos levar, no fundo, pela falsa impressão de que — em termos humanos — «afinal, não custa nada a Deus perdoar-nos». Bastaria que contemplássemos com vagar uma imagem de Nosso Senhor crucificado para compreender que a libertação que recebemos de cada vez que nos confessamos foi paga com sangue, com o Sangue de Cristo. Sacode-nos por dentro a observação daquela menininha que, ao contemplar um pequeno crucifixo, enegrecido pelo tempo, que era do seu avô: — Como lhe deve ter doído!

O abuso da misericórdia

Mas, será que tanto frisar a bondade divina não leva ao perigo de abusar da sua misericórdia? Não será uma maneira indirecta de induzir à acomodação na vida cristã? Não supõe o perigo de deixar-se levar pelo desregramento na vida moral, por uma falsa confiança nessa misericórdia?

Abusar da misericórdia no sentido de pensar que é insuficiente para cobrir a magnitude dos nossos pecados, é uma tolice, pois, como já frisamos, a misericórdia divina é *infinita*. Mas o abuso mais comum é o contrário, e supõe igualmente uma *compreensão errônea* acerca do que é a misericórdia de Deus.

Esse triste erro é o que encontramos nas afirmações de um autor que outrora se intitulou teólogo, no artigo *O inferno não existe*, em que diz: «Que Deus é esse, que não tem poder sobre o mal? [...] A existência do inferno é a eterna vergonha de Deus. É como se pudéssemos ver os diabos do inferno alegrando-se com a sua vitória parcial sobre Deus, mostrando a língua e o traseiro para Deus e fazendo-lhe trejeitos com as mãos sobre o nariz»[27].

Temos de responder, muito pelo contrário, que a existência do inferno — que é uma verdade de fé — não se opõe à misericórdia divina. «Sem dúvida, Deus é infinitamente misericordioso, mas não é *tiranicamente* misericordioso. Com outras palavras: Deus não impõe a sua misericórdia ou o seu perdão a quem não o pede ou não o quer receber. Deus não obriga o homem a amar a Deus. Nisto consiste precisamente a grandeza e a nobreza de Deus. Ele não violenta nem força a criatura a abrir-se para a misericórdia. Ora, na outra vida não há possibilidade de conversão. A morte fixa o ser humano em sua última opção, de modo que, após a morte, ninguém pode mudar as suas atitudes. Assim, o inferno, em vez de ser motivo de vergonha para Deus, é o testemunho de que Ele respeita a sua criatura e não lhe tira a liberdade que lhe deu para dignificá-la»[28].

Mesmo no inferno, Deus continua a amar as suas criaturas, mas são elas que se fecham irremediavelmente ao seu amor. Um paralelo pobre, mas que pode ajudar-nos a desvendar um pouco essa realidade misteriosa, é o do filho que faz uma ofensa muito grave aos pais e se afasta para longe deles porque, no seu orgulho, se recusa a reconhecer o seu erro e foge do abraço do perdão. Embora os seus pais continuem a amá-lo, o filho rebelde sente-se mais atormentado por esse amor. Preferiria que se esquecessem dele, mas sabe que isso não irá acontecer. Assim é o inferno: a deliberada oclusão ao amor divino. No inferno não se ama, nem a Deus, nem aos santos do Céu, nem aos «companheiros».

Um poeta e autor teatral clássico espanhol, Quevedo, conta no seu livro *Sonhos* um passeio imaginário pelo inferno. Num dos lugares mais horrorosos, deteve-se para perguntar a um demônio quem eram os que estavam ali, e recebeu esta resposta:

— Estes são os do «Deus é piedoso».

Quevedo mostrou-se muito surpreso: como era possível que se condenassem pessoas que tinham falado tanto da misericórdia divina? Mas o demônio fez-lhe notar que era precisamente por isso: porque agiam mal e se tranquilizavam a si mesmos repetindo continuamente: «Deus é piedoso e não olha para ninharias; é para essas coisas que a misericórdia divina é tanta». A seguir, com uma frieza de dar arrepios, esse demônio acrescentou: «Assim, enquanto eles, praticando o mal, esperam em Deus, nós os esperamos aqui»...

E concluiu:

— Não merece a piedade de Deus aquele que, sabendo que é tanta, a converte em desregramento, e não em proveito espiritual[29].

Aqueles que dizem «Deus é bom», «Deus compreende os meus pecadinhos», «Deus sabe que a gente não é de ferro»..., enquanto deixam de viver os mandamentos, não participam nunca da Missa, são infiéis no seu casamento, experimentam seitas fora da sua fé, são desonestos com o dinheiro ou comungam em estado de pecado grave, sem se terem confessado... estão muito longe de entender realmente o que é a misericórdia divina. Pensam que confiam em Deus quando, na realidade, só confiam orgulhosamente em si mesmos, julgando-se donos da verdade, com o direito de ofender a Deus porque Ele teria a «obrigação» de perdoá-los sem exigir deles o arrependimento. Essas pessoas tornam-se «inacessíveis» à misericórdia divina porque se fecham voluntariamente a ela, encerrando-se nos seus próprios pecados.

Em Deus, a Justiça e a Misericórdia estão perfeitamente unidas. Para nós, pobres criaturas, há situações em que parece praticamente impossível conjugar as duas, mas nEle dão-se as mãos e complementam-se perfeitamente uma à outra. O que não se pode é apostar apenas na Misericórdia e esquecer que há a Justiça. Como dizia o escritor Georges Bernanos: «Há um tempo para a misericórdia e há um tempo para a justiça; e a única desgraça irreparável é encontrar-se, um dia, sem arrependimento, diante da Face que perdoa»[30].

Deus quer que consideremos frequente e vivamente a sua misericórdia, não para que nos acomodemos, nem para que nos sintamos justificados para pecar despreocupadamente, mas para que valorizemos o seu Amor. É altamente consolador ser amado por Deus, mas também é assustador ser amado por Deus e não O amar.

FRUTOS DA CONSIDERAÇÃO DA MISERICÓRDIA DE DEUS

Pelos seus frutos os conhecereis (Mt 7, 16). Saberemos se realmente compreendemos a realidade da infinita misericórdia do Pai celestial pelos seus frutos estáveis e perseverantes na nossa vida cristã.

Há vidas cristãs que padecem da falta dessa consideração, e se tornam rígidas, como se a vivência da fé fosse o cumprimento estrito de um código moral. Outros olham para Deus de uma forma distante, não como Pai, mas como padrasto, e o resultado é uma vida tristonha. Alguns parecem não conseguir ligar a realidade da misericórdia divina com as suas próprias vidas, e por isso vivem inquietos, inseguros, sem perceber que podem e devem apoiar-se e descansar em Deus.

Não é possível delimitar com exatidão todos os frutos que podem advir-nos da consideração da misericórdia divina, porque a riqueza do contato com as perfeições divinas é diferente em cada alma; no entanto, vale a pena enumerar ao menos alguns que serão úteis a todos.

Fidelidade ao caminho

Podemos omitir o seu nome e dizer apenas que, antes, era um cristão medíocre, com a Primeira Comunhão feita na infância, mas sem que essa graça indizível tivesse continuidade. Havia abandonado a prática da fé, mas o encontro com um amigo de escola o reaproximou de Cristo. Voltou a confessar-se depois de anos e retomou a participação na Missa e a comunhão. Com o tempo, a sua vida cristã foi-se intensificando. Fez um retiro espiritual, aprofundou no conhecimento da fé, passou a dedicar-se com esforço ao apostolado com os colegas de faculdade e com os amigos.

Mas encontrava-se frequentemente às voltas com os mesmos erros e defeitos... Lutava, arrependia-se, mas as falhas tornavam a acontecer. Assim uma e mil vezes. E a constatação da sua fragilidade foi dando espaço para que, no seu coração, abrisse caminho a ideia de que não era capaz, de que — afinal de contas — não valia a pena tanto esforço para resultados tão pequenos. Começou a achar que o caminho de uma vida cristã séria e exigente não era para ele, que talvez devesse contentar-se apenas com o «básico» do cristianismo: não ser mau, rezar de vez em quando, cumprir os mandamentos...

Pensava seriamente em «voltar atrás» depois de ter percorrido já tanto caminho, e estava para tomar uma decisão que teria influenciado negativamente toda a sua vida, quando encontrou umas palavras que o fizeram parar e refletir, certamente pela ajuda da graça divina, pois já as lera muitas outras vezes.

As palavras eram estas:

> Vês-te tão miserável que te reconheces indigno de que Deus te ouça... Mas... e os méritos de Maria? E as chagas do teu Senhor? E... porventura não és filho de Deus?

Além disso, Ele te escuta, «*quoniam bonus..., quoniam in saeculum misericordia eius*», porque é bom, porque a sua misericórdia permanece para sempre[31].

Essas palavras fizeram com que se recordasse de que, apesar da sua indignidade, dos erros pessoais, das falhas, da repetição dos próprios pecados..., a misericórdia de Deus permanece para sempre. Compreendeu que, se a sua fraqueza era grande, maior era a bondade de Deus. E esse jovem, que estava correndo um risco de infidelidade no caminho da sua vida cristã, reconsiderou as coisas, retomou a luta e perseverou na trajetória que Deus lhe pedia...

Este exemplo pode servir-nos para quando o demônio quiser tentar-nos, fazendo-nos pensar que «para os outros» talvez as coisas sejam diferentes, mas que «para nós»... não dá. Sobretudo depois de alguma queda maior, de um pecado grave que nos humilha, ou depois de um longo tempo de afastamento dos meios de ajuda da graça... Dá a impressão de que caímos tão fundo, ou de que nos distanciamos tanto, que já não há retorno possível. Como Caim, que dizia, depois de ter matado o próprio irmão: *A minha iniquidade é grande demais para que eu possa merecer perdão* (Gn 4, 13). Nunca o é. É uma tentação do demônio julgar que a dimensão das nossas culpas seja superior ao perdão de Deus.

Mais ainda: o próprio fato de nos vermos pecadores, pobres de qualidades, nus de virtudes, esfarrapados nas nossas tentativas fracassadas de melhorar... são *títulos* que podemos apresentar diante da bondade de Deus para que Ele venha em nosso socorro; pois «a misericórdia é muito mais glorificada quando se exerce para com uma miséria maior»[32].

Nesse mesmo sentido, São Francisco de Sales faz uma consideração igualmente reconfortante: «Entre os mendigos, consideram-se como os melhores e os mais aptos para conseguir esmolas os que são mais miseráveis e têm as chagas mais purulentas. Nós somos também mendigos, e os mais miseráveis são os de melhor condição; a misericórdia de Deus olha-os com mais afeto»[33].

São muitas as razões pelas quais podemos ver-nos envolvidos numa profunda escuridão na nossa vida de fidelidade ao ideal cristão. Além das incapacidades pessoais, quantas razões mais!: um fracasso nos estudos ou na carreira profissional, uma injustiça ou uma humilhação por parte dos que mais estimávamos ou de quem esperávamos demonstrações de confiança e compreensão etc. etc. São tantas as razões para nos sentirmos desiludidos e desamparados por Deus — ou por homens de Deus — quantas as arestas do nosso orgulho humilhado. Não se veem saídas, não se veem soluções, tudo parece apontar para uma ruptura. Aquilo que antes se via com tanta simplicidade e clareza parece ter sido uma ilusão momentânea. E, com o organismo espiritual enfraquecido, podem afetar-nos os micróbios da falta de fé e da deserção.

Para esses momentos, vale o conselho seguro de uma alma santa: «Procura a união com Deus e enche-te de esperança — virtude segura! —, porque Jesus te iluminará *com as luzes da sua misericórdia*, mesmo na noite mais escura»[34].

E então voltará a luz e perseveraremos. Sabe-o muito bem o casal que celebra as bodas de ouro recordando tantos momentos de felicidade juntos e... tantos momentos em que estiveram a ponto de separar-se. Sabe-o o sacerdote encanecido nas batalhas que venceu, em nome do Senhor, contra as suas concupiscências e contra todas as desilusões humanas. Sabem-no o homem ou a mulher que fizeram dos seus contatos profissionais e sociais a arma de seu apostolado vibrante, e parece que ninguém os escutou... Todos esses souberam, sim, elevar um olhar suplicante ao Deus de toda consolação e dizer-lhe no seu desamparo: *Iesu, fili David, miserere mei*, Jesus, filho de Davi, tem misericórdia de mim! (Mc 10, 47). E o Senhor devolveu-lhes a serenidade dos filhos de Deus, com a promessa de uma vida nova e fecunda.

Confiança

Conta-se que um imperador romano tinha no seu palácio uma bela gazela, que ele próprio havia domesticado e alimentado. Todos os dias deixava-a correr pelos bosques da redondeza; mas, com receio de que fosse perseguida e morta por algum caçador, havia prendido ao seu pescoço uma corrente de ouro com um medalhão onde se lia: *Caesaris sum* — «Sou de César». Isso já bastava para que ninguém a tocasse. Cada um de nós pode dizer que tem impressas em letras douradas no seu coração as palavras *Dei sum* — «Sou de Deus!» —, e isso nos deve produzir uma confiança enorme, porque se Ele nos quer com tanta predileção e carinho, nada nem ninguém nos poderá fazer mal.

O cristão que considera a Deus como o *Pai das misericórdias* desenvolve-se num clima de plena confiança. Enfrenta as dificuldades grandes ou pequenas da vida com otimismo. Não porque confie nas suas próprias forças, mas precisamente porque *não confia* nelas, e sim unicamente em Deus.

Quando deslocamos o centro de gravidade da nossa vida para Deus misericordioso, ela ganha estabilidade e firmeza. Desaparecem — dentro do que é possível na nossa presente condição — as inseguranças com relação ao *futuro*. Embora o que virá pela frente nos seja desconhecido, sabemos que procederá sempre das boas mãos do nosso Pai-Deus.

Nem sequer os nossos *defeitos* devem tirar-nos a confiança, porque, como diz São Tomás de Aquino, «os defeitos não se eliminam senão pela perfeição de alguma bondade. Ora, Deus é a origem primeira da bondade [...]. Pela misericórdia, as perfeições dadas às coisas por Deus eliminam-lhes todos os defeitos»[35]. Mesmo a constatação dos nossos defeitos será ocasião de demonstração da bondade divina, se tivermos a boa disposição de combatê-los.

Deve-se notar esta atitude de profunda confiança na misericórdia divina pelo modo como pedimos as coisas a Deus. A nossa oração deve ser plenamente confiante. Não pedimos aos «deuses» da Antiguidade, que estavam distantes e desinteressados das realidades terrestres. Não pedimos a um Deus ocupadíssimo com mil problemas maiores que os nossos, que se estão dando neste momento no mundo.

Pedimos a um Deus que é como um pai com o seu filho único, o seu «xodó», o objeto exclusivo do seu amor. Que negará esse pai aos pedidos do seu filho único, depois de este ter esgotado todos os meios e batido a todas as portas? Nada que esteja ao seu alcance, nem mesmo a entrega da vida. Com essa mesma confiança devemos dirigir-nos a Deus nas nossas orações, sabendo que Ele quer o nosso bem mais do que nós próprios, e é todo-poderoso.

Paz

Junto com a confiança em Deus, dá-se uma *paz interior* que resiste a todas as «guerras» da vida. Uma paz que não é mera consequência de um caráter tranquilo, nem insensibilidade perante as desgraças.

A misericórdia de Deus no tempo da tribulação é agradável como a nuvem que se desfaz em chuva no tempo da seca (Eclo 35, 26). Quantos já não sentiram a realidade destas palavras da Escritura na sua própria vida!: na hora da morte de um ser querido, no acidente de um filho, no resultado adverso num exame seletivo, ou quando viver a vida cristã supôs enfrentar a oposição de pessoas muito próximas. A chuva de graças proveniente da consideração do amor-misericórdia de Deus por nós acabou com a sequidão que nos torturava, e a paz retornou ao nosso coração.

Um país bem defendido por barreiras naturais, ou por um exército muito bem equipado, pode viver em paz, sem receio de ataques externos nem de perturbações para a tranquilidade interna. Nós estamos fantasticamente defendidos pelas barreiras sobrenaturais da graça e pelo *Senhor dos exércitos*, que é uma das maneiras mais frequentes de o Antigo Testamento se referir a Deus.

Essa segurança da proteção divina confere-nos um comportamento exterior cheio de paz. Somos então fonte de paz para os que estão à nossa volta e para o mundo em geral. Pelo contrário, *a ira e o furor exaltado não têm misericórdia, e quem poderá suportar a violência de um homem arrebatado?* (Pr 27, 4). Podemos estar certos de que, sempre que nos deixamos levar pela exaltação no convívio com o nosso próximo, por gestos ou por palavras, talvez até de forma ofensiva, é porque nos faltou misericórdia no coração, porque nos distanciamos — ainda que fosse só por uns momentos — da misericórdia de Deus.

Saber que Deus está atento às nossas necessidades materiais e espirituais confere-nos uma paz diferente da que é dada pelo mundo (cf. Jo 14, 27). Muito mais consistente e duradoura, porque apoiada numa Rocha que é inabalável.

É o que se conhece da vida dos santos; sofrem, mas estão em paz. São João Bosco, numa das várias vezes em que foi chamado ao gabinete do ministro Farini, que ameaçava fechar à força os colégios salesianos, sentou-se diante dele numa poltrona cômoda e... simplesmente adormeceu. Uma situação que talvez deixasse tenso a qualquer um, não afetou esse homem que se fiava totalmente em Deus. Quem se irritou foi o ministro, mas quem saiu vitorioso foi Dom Bosco...

Alegria constante

Sacia-nos depressa com a tua misericórdia, para que exultemos e nos alegremos durante todos os nossos dias (Sl 89, 14). É o que nós pedimos ao Senhor com esse belo Salmo. Não apenas a alegria momentânea, mas em «todos os nossos dias», sempre.

Quando São Paulo escrevia aos primeiros cristãos de Filipos, com propositada insistência: *Alegrai-vos sempre no Senhor; de novo vos digo: alegrai-vos* (Fl 4, 4), fazia quase dois anos que estava em prisão domiciliar. Com isso fazia notar, com a força da sua própria vida, que a alegria constante não é fruto de uma conjugação de fatores externos e internos favoráveis, mas de apoiar-se totalmente na riqueza da misericórdia divina.

A tristeza pode provir de problemas externos ou das nossas fraquezas pessoais. Quanto ao que é exterior a nós, devemos pensar que Deus, na sua misericórdia, cuida de nós muito mais que dos pássaros do céu e dos lírios do campo (cf. Mt 6, 26-29); se não dá uma solução imediata aos nossos problemas, é porque tirará deles um bem maior. Se se trata das nossas fraquezas pessoais, devemos considerar que serão exatamente elas as que nos abrirão as portas de acesso aos tesouros da misericórdia divina. Deus se regozija, como um bom Pai, em dar-nos os seus bens e suprir as nossas fraquezas.

Façamos as nossas experiências pessoais. Quando o panorama nos parecer sombrio e desanimador, procuremos ir até o sacrário da igreja mais próxima, e descobriremos o olhar misericordioso de Cristo pousado sobre nós. Nada poderá resistir a esse olhar divino. As dificuldades poderão continuar, os problemas talvez persistam, mas a alegria voltará com uma força imperiosa. Não apenas como um sentimento, mas como uma convicção e uma segurança que são fruto da fé.

Essa alegria perene é, além disso, um testemunho que tem auxiliado muitos a encontrar o autêntico caminho. É o que relata um converso que veio do ateísmo para a verdadeira fé, em não pequena parte pelo exemplo dos seus amigos de faculdade. «Impressionou-me uma certa *qualidade de alegria* que essas pessoas hauriam da sua fé. Os não-cristãos mostravam-se com frequência contentes, brincalhões e felizes quando as coisas lhes corriam bem; mas essa alegria serena e permanente que encontrava nos meus amigos cristãos era algo que não tinha visto antes. Vai aqui uma anotação do meu caderno de apontamentos dessa época: "O melhor argumento em favor do cristianismo são os cristãos: a sua alegria, a sua segurança, a sua plenitude [...]. Com efeito, há indícios impressionantes de que a qualidade positiva da alegria reside no cristianismo, e talvez em nenhum outro lugar"»[36].

Conversão: começar e recomeçar

«A conversão a Deus consiste sempre na descoberta da sua misericórdia, isto é, daquele amor que é fiel até as suas últimas consequências na história da Aliança com o homem, até a cruz, a morte e a ressurreição do seu Filho. A conversão a Deus é sempre fruto do retorno para junto desse Pai que é "rico em misericórdia"»[37].

A *conversão primeira* é a que se dá pelo encontro com a fé e pela recepção do Batismo. No caso dos que encontram essa fé depois de adultos, o caminho, em muitos casos, é o encontro com a misericórdia divina. É o que fica patente no caso da conversão de São Paulo. Aquele que era perseguidor dos cristãos, encontra-se inesperadamente com a figura de Cristo que o interpela, dolorido: *Saulo, Saulo, por que me persegues*? São Paulo guardará para sempre a imagem desse olhar misericordioso de Cristo que o interpelava. Foi o suficiente para que quisesse receber quanto antes as águas do batismo.

A *conversão segunda* «é uma tarefa ininterrupta para toda a Igreja [...]. É o movimento do coração contrito atraído e movido pela graça a responder ao amor misericordioso de Deus que nos amou primeiro»[38]. Necessitamo-la todos nós, frequentíssimas vezes na nossa vida. Poderíamos dizer até que muitas vezes cada dia.

Sempre que nos propomos retificar um ponto da nossa conduta, estamo-nos convertendo. De cada vez que, contritos, reconhecemos determinada falta, voltamos a converter-nos. Quando fazemos à noite o exame de consciência, avaliando o nosso dia à luz de Deus, pedindo perdão pelos erros cometidos e fazendo um propósito de luta para o dia seguinte, estamo-nos convertendo.

Perceber que Deus nos ama muito mais do que nós O amamos, e que Ele nos amou antes de que O amássemos, aviva em nós esse desejo de contínua conversão. «Aqueles que chegam ao conhecimento de Deus assim, aqueles que o "veem" assim, não podem viver de outro modo que não seja convertendo-se a Ele continuamente. Passam a viver, pois, *in statu conversionis*, em estado de conversão. E é este estado que constitui a característica mais profunda da peregrinação de todo homem sobre a terra *in statu viatoris*, em estado de peregrino»[39]. Percebe-se então que toda a vida é *tempo de conversão*.

Deus alegra-se quando nos vê com essa disposição permanente de conversão, necessária não só porque alta é a meta — ser outros Cristos, ser *Cristo que passa* —, mas porque o justo peca sete vezes por dia. É algo inevitável, apesar de toda a nossa boa-vontade.

Conta-se que um editor quis fazer um livro que não tivesse nenhum erro de composição: nenhuma letra trocada, nenhuma palavra repetida, nenhuma falha. Escolheu como desafio a Bíblia. Revisou muitas e muitas vezes as provas, limando as falhas: ao começo, maiores; depois, cada vez mais ínfimas, até que teve a certeza de que já não restava nenhuma errata. Quando lhe foram levar um exemplar já impresso e encadernado, abriu-o pela página de rosto e leu em letras grandes: A BÍLBIA.

A vida cristã não consiste em apresentar-se sem falhas diante de Deus e dos homens. O que Deus espera de nós é que, apesar das nossas repetidas falhas, tenhamos sempre a valentia de *começar e recomeçar*.

Judas errou de forma clamorosa traindo a Cristo. Pedro errou de forma igualmente clamorosa negando-O. Ambos tiveram profunda consciência do seu erro. Mas só Pedro acreditou na misericórdia do Mestre e por isso só ele voltou.

Nós temos que voltar sempre. Porque é o lógico. Porque é o que Deus espera *ansiosamente* de nós. Porque a sua misericórdia é infinita. «Ah, se eu fosse Deus, já estaria cansado de mim...», poderíamos sentir-nos tentados a dizer. Mas — graças a Deus — não somos Deus, e Ele não se cansa de nós. Porque é Deus.

Às vezes, o próprio erro é bom porque nos ajuda a crescer na virtude da humildade. São Tomás afirma que, para punir o orgulho, Deus permite às vezes quedas graves em pecados vergonhosos (concretamente fala da luxúria). Como esses pecados, sendo graves, são menos nocivos e devastadores do que o orgulho, a soberba, a misericórdia divina serve-se deles para assustar, abalar e fazer cair em si a alma orgulhosa, à semelhança de um médico hábil que, para curar uma doença mais séria, deixa o seu doente padecer os acessos de um mal talvez mais doloroso e humilhante, mas menos perigoso[40].

«É uma graça concedida à miséria do homem que ele tropece e caia vez por outra, quando passos mais seguros podiam levá-lo aos funestos cumes do orgulho»[41]. Na vida espiritual, nem sempre o caminho reto é o mais curto. Ter que ir e voltar a ir muitas vezes pode fazer-nos subir mais rapidamente, porque nos faz crescer em humildade.

Se, como dizia São Bernardo na sua famosa frase, «errar é humano, mas perseverar no erro é diabólico», nós poderíamos dizer que «consertar o erro é divino». Temos que voltar a tentar quantas vezes seja necessário, até conseguir superar as nossas falhas. As próprias tentativas, mesmo que mal sucedidas, já são uma vitória, porque demonstram que confiamos na misericórdia divina.

Dizia-o uma alma santa ao completar cinquenta anos de sacerdócio: «Passados cinquenta anos, sinto-me como uma criança que balbucia: estou começando, recomeçando, como na minha luta interior de cada jornada. E assim até o fim dos dias que me restem: sempre recomeçando. O Senhor assim o quer, para que em nenhum de nós haja motivos de soberba nem de néscia vaidade»[42].

Gratidão

Que poderei eu dar a Javé por todos os benefícios que me fez? (Sl 115, 12) Perante um Deus que é tão misericordioso conosco, a única atitude nobre e sensata é reconhecer os benefícios recebidos e agradecer.

Talvez nos lembremos de uma cena da infância, em que tínhamos feito algo de errado e já nos resignávamos a receber o castigo de praxe. Mas, naquela ocasião, os nossos pais foram bonzinhos e, depois de uma simpática repreensão, deixaram-nos ir brincar em paz. O resultado de não nos haverem tratado segundo a justiça, mas segundo a misericórdia, foi um profundo sentido de gratidão que se gravou indelevelmente em nós.

Olhar para Deus como Pai bom, que contempla as nossas misérias disposto de antemão a perdoar-nos, que retribui os nossos «esquecimentos» com mais graças, esquecendo o cúmulo de ofensas que somamos ao longo da vida..., só pode gerar um agradecimento manifestado nas palavras e nas obras.

Jesus Cristo fez notar que sentiu a falta de um reconhecimento agradecido por parte dos dez leprosos que foram curados miraculosamente por Ele. Apenas um voltou para agradecer aquele olhar bondoso do Mestre sobre a sua miséria, sobre a sua carne em decomposição. E mesmo a sua gratidão foi recompensada, porque Cristo o despediu dizendo-lhe: *Levanta-te e vai, a tua fé te salvou* (Lc 17, 14).

Motivo de gratidão constante deve ser a escolha que supõe o fato de termos a fé verdadeira, e as ajudas para percorrer o caminho da vida cristã. Não por mérito nosso, mas por escolha divina, Ele nos chamou para muito perto de si. O motivo dessa escolha pode muito bem ter sido justamente o pouco que somos. «Reconheces-te miserável. E és. — Apesar de tudo — mais, por isso —, Deus te procurou»[43]. E essa escolha deve ser motivo de constante reconhecimento.

Devemos agradecer quando recebemos a Sagrada Eucaristia, quando a nossa oração é ouvida, na ocasião em que a vida se acerta e desaparece a dificuldade. Mas também agrada muito a Deus sabermos agradecer quando não entendemos a razão pela qual Ele permite certos acontecimentos aparentemente negativos. Dizia São João de Ávila que «vale mais um *bendito seja Deus* nas adversidades do que seis mil agradecimentos nas prosperidades»[44].

E agradecimento com obras, sobretudo depois de nos confessarmos. Serão obras e meios que poremos em prática energicamente, para nunca mais abusarmos da misericórdia divina, que cobriu com um abraço de amor todas as nossas misérias: «Quando se trata de "cortar" — não o esqueças — a "última vez" tem que ser a anterior, a que já passou»[45].

SEDE MISERICORDIOSOS

Consideramos até agora a misericórdia em Deus, mas não podemos esquecer que Cristo disse: *Sede misericordiosos, como o vosso Pai é misericordioso* (Lc 6, 36). É Ele quem nos manda imperativamente a misericórdia e quem nos põe diante dos olhos o modelo do Pai celestial.

É o que fica claro ao contar a parábola do servo que devia uma imensa fortuna ao seu senhor; quando iam ser vendidos *ele, sua mulher e seus filhos e tudo quanto ele tinha para pagar a dívida,* caiu de joelhos diante do seu senhor e suplicou-lhe compreensão e paciência, pois se propunha a pagar tudo com o tempo. O senhor, comovido pela sua súplica e pela situação em que ficava, não lhe deu apenas um prazo maior, mas perdoou-lhe totalmente a dívida.

Mas esse mesmo homem que havia sido perdoado de tão grande quantia, ao encontrar um dos seus companheiros que lhe devia uma soma ínfima — sobretudo se comparada com a sua dívida pessoal —, agarrou-o pelo pescoço e dizia-lhe: *Paga o que me deves*. Este segundo devedor também se pôs de joelhos e pediu paciência, mas, além de não conseguir uma prorrogação, foi parar na cadeia. Os que, de fora, contemplaram os dois fatos *ficaram muito tristes e foram contar tudo ao senhor*. E o senhor voltou atrás na decisão que tinha tomado e explicou o porquê: «*Servo mau, perdoei-te toda a tua dívida, porque mo suplicaste. Não devias, pois, também tu compadecer-te do teu companheiro, como eu tive compaixão de ti?*» (Mt 16, 23-35).

A atuação do servo mau parece-nos não só inaceitável, como repugnante. E, no entanto, esse *servo mau* somos nós. Quanto Deus nos perdoa, e quão mesquinhos nos mostramos, tantas e tantas vezes! O Papa Francisco comenta esta parábola dizendo:

> Contém um ensinamento profundo para cada um de nós. Jesus declara

que a misericórdia não é apenas o agir do Pai, mas torna-se o critério para individuar quem são os seus verdadeiros filhos. Em suma, somos chamados a viver de misericórdia, porque, primeiro, foi usada misericórdia para conosco. O perdão das ofensas torna-se a expressão mais evidente do amor misericordioso e, para nós cristãos, é um imperativo de que não podemos prescindir. Tantas vezes, como parece difícil perdoar! E, no entanto, o perdão é o instrumento colocado nas nossas frágeis mãos para alcançar a serenidade do coração. Deixar de lado o ressentimento, a raiva, a violência e a vingança são condições necessárias para se viver feliz[46].

Mais ainda, Cristo quis vincular a possibilidade de sermos objeto da misericórdia de Deus ao nosso exercício pessoal da misericórdia. *Bem-aventurados os misericordiosos, porque alcançarão misericórdia* (Mt 5, 7). Só aqueles que exercem a misericórdia para com o próximo terão a bem-aventurança de alcançar a misericórdia divina. Não é sem motivo que São João Paulo II chamava a essa bem-aventurança «síntese de toda a Boa-Nova»[47], um certo resumo da mensagem que Cristo veio trazer-nos à terra.

O cristianismo pede necessariamente abertura aos outros. Ser cristão é ter o coração cheio de carinho, de compreensão e de perdão para com os outros. Fechar-se aos outros é fechar-se a Deus.

Essa virtude compendia a semelhança com o nosso Pai do Céu («sede misericordiosos *como o vosso Pai* é misericordioso»). Por isso São Tomás de Aquino podia dizer que a misericórdia «nos assemelha a Deus por semelhança no agir»[48]. Nas nossas obras, o que mais nos torna semelhantes a Deus é o amor e, de uma forma toda particular, o amor que se manifesta na misericórdia.

O contexto em que Cristo pronuncia o «sede misericordiosos» mostra muito bem o que tinha em mente. Fala de amar os inimigos, de fazer bem aos que nos odeiam, de dizer bem daqueles que dizem mal de nós, de orar pelos que nos caluniam, de oferecer a outra face a quem já nos feriu em uma, de emprestar àqueles de quem não se espera que nos devolvam nem muito nem pouco, de ser bondosos com os ingratos e os maus (cf. Lc 6, 27-35)... É, sem dúvida, um panorama muito exigente. Talvez por isso, passados dois mil anos, ainda seja tão pouco praticado. Não se trata de ceder em direitos que às vezes são obrigações, tal como teremos oportunidade de analisar a seguir, mas de viver a misericórdia com obras e não só com palavras ocas.

Misericórdia x Justiça?

Quem, nos nossos dias, não teve a experiência de se ver bloqueado no trânsito, talvez por uma manifestação de estudantes ou devido a uma greve dos motoristas de ônibus? Apesar do incômodo que nos causou, fica sempre o consolo de que talvez fossem justas as exigências daquele grupo de pessoas. Uma das conquistas do século XX foi um grande *senso de justiça*. Amplas camadas da população conhecem os seus direitos e os defendem por todos os meios ao seu alcance.

Mas será que o nosso mundo se ajeitaria *só* com uma justiça perfeitamente vivida? A resposta é um rotundo *não*.

Imaginemos esse mundo onde a *justiça triunfou* e se tornou o único padrão de conduta da sociedade. Na família, a mãe nega-se a amamentar o filho depois de preenchidas as oito horas de «trabalho materno»; a filha nega-se a dizer à mãe «na ausência do seu advogado» se fez ou não as tarefas escolares. No ônibus, a pessoa nega-se a ceder o seu assento enquanto a velhinha não exibir o seu «documento de terceira idade» perfeitamente em dia. No dia do aniversário, um amigo pergunta se há alguma lei que o «obrigue a dar os parabéns» nessa data. No namoro, quando o rapaz pergunta à menina se quer namorar com ele, a garota responde que «só se for mediante contrato lavrado em cartório»...

Percebemos facilmente, com esse quadro propositadamente exagerado, que o hipotético «império exclusivo da justiça» seria um autêntico inferno na terra.

Não se trata de perder as conquistas, alcançadas com tanto sacrifício, no campo da justiça. Não se trata de ceder direitos de forma irresponsável ou tola. Trata-se, sim, de compaginar e completar a justiça com a misericórdia.

Neste contexto, não será inútil recordar a relação entre justiça e misericórdia. Não são dois aspectos em contraste entre si, mas duas dimensões duma única realidade que se desenvolve gradualmente até atingir o seu clímax na plenitude do amor[49].

Era ainda São Tomás de Aquino quem dizia que «a justiça sem a misericórdia é crueldade»[50]. Não se devem considerar, portanto, a justiça e a misericórdia como forças opostas, mas como virtudes inter--relacionadas e complementares. Misericórdia não significa carência de justiça, mas sim o seu aperfeiçoamento.

Pagar justamente os operários não se opõe a fazê-los participar dos lucros ou a dar-lhes gratificações. Reconhecer que se teria o direito de reagir a uma ofensa com o recurso aos tribunais não significa que se tenha necessariamente que fazê-lo. Saber que não seria obrigação em justiça auxiliar outra pessoa no seu trabalho não tira a liberdade de ajudá-la desinteressadamente. Embora não seja uma obrigação ajudar a empurrar o carro enguiçado de uma pessoa desconhecida, é uma boa obra fazê-lo alegremente.

Esta, sim, é a sociedade com a qual sonhamos os cristãos: uma sociedade em que se conjuguem perfeitamente o obrigatório e o voluntário, o dever e o querer, a justiça e o amor.

A misericórdia é:

> A *mais perfeita encarnação* da «igualdade» entre os homens e, por conseguinte, também a encarnação mais perfeita da *justiça*, na medida em que esta, no seu campo, visa o mesmo resultado. Mas, enquanto a igualdade introduzida mediante a justiça se limita ao campo dos bens objetivos e extrínsecos, o amor e a misericórdia fazem com que os homens se encontrem uns com os outros naquele valor que é

o mesmo homem, com a dignidade que lhe é própria[51].

Esta igualdade que se alcança por meio da misericórdia não é a do falso igualitarismo, que se esquece das diferenças reais e necessárias entre os seres humanos. É a igualdade que reconhece cada um como ser humano pleno, dotado de características próprias, digno de respeito, com direitos inalienáveis e como objeto de amor.

O equilíbrio entre a misericórdia e a justiça deve fugir tanto do extremo da abdicação indevida dos próprios direitos como do legalismo.

Neste último, podemos localizar aqueles que estão tão aferrados às categorias jurídicas que não chegam a compreender que seja possível ultrapassar as prescrições legais. Trata-se de pessoas frias, que realizam com o maior zelo tudo quanto lhes é ordenado pela lei ou pelos contratos, mas que não saem dos limites fixados por essas regras. Só sabem formular perguntas deste gênero: «Eu tenho mesmo obrigação de fazer isso?», e nunca renunciam a um direito para ir em socorro da miséria alheia.

É duro encontrar-se alguma vez à mercê de uma pessoa dessas, quando necessitamos de uma atenção ou de uma resposta numa repartição pública. «Volte amanhã... Faltou tal documento... A pessoa que pode responder a isso está de férias...» É possível que todas essas respostas estejam perfeitamente dentro do regulamento, mas o que esperávamos era um pouco de compreensão pela longa espera na fila, pelo deslocamento que tivemos que fazer, ou porque algo importante dependia daquele papel. Talvez nem esperássemos uma solução, mas apenas uma palavra de compreensão para com o nosso caso, que, sendo provavelmente igual ao de tantas outras pessoas, era o *nosso*. Esperávamos um pouco de compaixão para com a nossa necessidade naquela situação. Precisávamos de uma palavra de misericórdia.

O outro extremo errôneo no equilíbrio entre justiça e misericórdia é a *fraqueza* que leva a não exigir os legítimos e necessários direitos. «Há homens demasiado débeis quando se trata da defesa dos próprios direitos. Temem toda explicação, toda forma de resistência; não se julgam capazes de resolver qualquer conflito. Nuns, predomina o temor; noutros, a falta de firmeza; noutros, a preguiça. Em todos eles, porém, a renúncia a um direito não provém de uma corrente de amor, mas da debilidade. Não temem a defesa do direito por compaixão com os outros, mas pelos aborrecimentos que toda intervenção enérgica traz consigo»[52].

Se o pai do filho pródigo o tivesse acolhido sem estar certo do arrependimento do filho — «não sou digno de ser chamado teu filho» —, estaria sendo injusto. Se um pai de família de poucos recursos tem direito a uma herança, não seria correto ceder a pretensões exorbitantes dos demais herdeiros em condição econômica melhor, só «para evitar a complicação dos desentendimentos». Se um chefe vê que um funcionário é desonesto na sua função e prejudica a empresa, não deve calar porque «não gosta de passar por chato». Nessas ocasiões, e em tantas outras semelhantes, deixar de lado os próprios direitos ou deveres não seria misericórdia, mas fraqueza de caráter.

Os misericordiosos alcançarão misericórdia

Em muitas lendas e contos de fadas, a boa disposição interior é o elemento necessário para a recepção de grandes tesouros. Na lenda do Rei Artur, só conseguiria arrancar a espada da pedra aquele que tivesse um coração reto e puro, para, depois de apossar-se dela, ter o poder de exercer o direito e a justiça. Nos contos de fadas, a bela princesa tem de beijar com amor o sapo para que ele volte a ser o príncipe encantado, e ambos possam viver felizes para sempre...

Para que se abram os grandes tesouros da misericórdia divina, que são reais e muito maiores que os de qualquer conto de fadas, Cristo nos pôs uma condição: *os misericordiosos alcançarão misericórdia* (cf. Mt 5, 7).

O exercício pessoal da misericórdia abre as portas do nosso coração para que Deus possa verter nele o imenso tesouro que nos destinou. Duro, pelo contrário, seria que se aplicassem a nós aquelas palavras da Escritura: *Sem misericórdia será julgado aquele que não fez misericórdia* (Tg 2, 13).

A bem-aventurança em que Cristo promete a misericórdia aos misericordiosos faz-nos pensar, pois, numa certa *proporcionalidade*, isto é, que quanto maior for a misericórdia exercida por nós, tanto maior será a nossa abertura para os tesouros infinitos de Deus. *Na medida com que medirdes, também vos será medido* (Lc 6, 38). O que, por sua vez, traz como consequência a pergunta, que é um exame sobre nós mesmos: até onde chega a minha misericórdia?

Por isso o Papa João Paulo II podia afirmar que essa bem-aventurança «constitui a medula do *ethos evangélico*»[53], isto é, do comportamento moral proposto por Cristo. A essência da sua mensagem messiânica é o amor; e de um modo todo particular esse amor-misericórdia que se manifesta com especial intensidade em relação aos que sofrem e aos pecadores.

É necessário que voltemos, com frequência, a examinar-nos sobre a atitude que assumimos com relação aos outros homens. Porém, nesse exame não bastam só análises superficiais do tipo «Eu faço o que posso», mas que realmente pensemos: «Que mais poderia eu fazer?» Será que o nosso coração já se abriu, com toda a elasticidade que tem, a tanta miséria que encontramos à nossa volta? Aos que sofrem solidão, aos que estão tristes, aos economicamente necessitados, aos desviados do bom caminho, aos que precisam apenas de uma palavra de atenção ou carinho... Façamos esse exame e encontraremos muita dessa «miséria» entre as paredes do nosso lar, no prédio em que moramos, no local de trabalho, nas vizinhanças, no supermercado... Enfim, bem mais perto do que talvez seria de esperar.

Ajuda material

A tradição cristã enumerou classicamente catorze «obras de misericórdia» que não têm o intuito de restringir o campo de ação dessa virtude, mas se propõem dar um auxílio prático aos que desejam seguir os ensinamentos de Cristo. Consistem em «ações caritativas pelas quais socorremos o próximo nas suas necessidades»[54].

Na bula em que anunciou o jubileu extraordinário da misericórdia, o Papa Francisco disse: «É meu vivo desejo que o povo cristão reflita, durante o Jubileu, sobre as obras de misericórdia corporal e espiritual»[55].

O primeiro grupo costuma ser designado por *obras de misericórdia corporais*, porque se refere aos bens materiais, que dizem respeito ao corpo de um modo imediato. Podem ser resumidas, a grandes traços, numa só palavra: *esmola*. Mas desde que se entenda por esmola um conceito bem mais amplo do que a imagem clássica da senhora abrindo a bolsa a um pedinte na porta da igreja.

A esmola, em princípio, é dada por quem tem os bens necessários e pode desprender-se do supérfluo em proveito de quem está mais necessitado. Mas, em algum caso, aquele que é mais pobre pode também exercitar essa obra de misericórdia com quem tem mais meios econômicos. Sirva como exemplo o que conta um jornalista americano:

> O automóvel em que alguns amigos meus viajavam, durante o inverno, na Serra de Guadarrama, Espanha, ficou atolado numa ladeira, e eles pediram a um condutor de mulas que passava para rebocar o carro até o topo da subida. O homem prontificou-se a auxiliá-los e, quando chegaram ao alto do morro, os meus amigos quiseram dar-lhe uma gratificação em dólares, uma quantia que deveria parecer-lhe uma pequena fortuna. Mas o homem recusou-a com um sorriso de desculpas, como se não quisesse ofender ninguém com a recusa, dizendo-lhes: «Tudo o que o pobre pode dar são favores»[56].

Pode-se dizer que aquele homem simples deu naquele dia a sua «esmola» a uns homens ricos, sob a forma de serviço desinteressado.

A atitude misericordiosa no que diz respeito aos bens do corpo fica maravilhosamente plasmada na parábola do bom samaritano. Cristo descreve, dentro de um quadro realista, um homem que, embora talvez não tivesse uma obrigação estrita de justiça — já que o ferido pertencia a outro povo e deveria ser atendido pelos seus conterrâneos —, interrompe o seu caminho e atende aquele homem assaltado e maltratado pelos ladrões. Ele sabe parar, dedicando um bom pedaço do seu tempo ao outro; sabe tratar as feridas usando os seus conhecimentos; utiliza a sua cavalgadura para que sirva ao outro de «ambulância»; dá do seu dinheiro para que possa ser melhor atendido numa estalagem. E Jesus conclui dizendo àquele que lhe havia feito a pergunta que teve por resposta a parábola: *Vai e faze tu o mesmo* (Lc 10, 37).

Fazer o mesmo pode significar, para nós, praticar as obras de misericórdia corporais que estejam ao alcance das nossas condições pessoais e do nosso tempo.

Dar de comer a quem tem fome. Dar de beber a quem tem sede. Não apenas quando há campanhas organizadas e que apelam para os sentimentos, mas que depois ficam esquecidas, como se o problema da fome tivesse deixado de existir. Nem só com um telefonema de contribuição, nas catástrofes amplamente noticiadas pelos meios de comunicação. Mas habitualmente, utilizando-se para isso dos caminhos que a benemerência cristã, e a civilidade em geral, criou por tantas partes.

Não se pode dar em nós a insensibilidade — que no caso não era mais que uma frase jocosa — daquele que, perante uma mesa lauta de festa de Natal, dizia: «Vamos rezar pelos que não rezam, amar pelos que não amam, e... comer pelos que não comem»...

Vestir os maltrapilhos. Não dá pena ver certos armários entulhados de roupas que já não se usam mais? «Mas, e se eu precisar um dia?»..., um dia que nunca chega. «Se eu emagrecer estas calças podem voltar a servir-me»..., mas o propósito do regime nunca se concretiza. Agasalhos que poderiam estar servindo a pessoas realmente necessitadas, e que estão embolorando no fundo do armário, deveriam produzir comichão nas nossas consciências.

Antigamente, pela raridade e pelo custo elevado dos tecidos, esta obra de misericórdia enunciava-se como «vestir os nus». Isto talvez nos faça pensar em que é também uma obra de misericórdia dizer a uma filha, ou a uma amiga, ou à esposa, que as diminutas roupas que usa em alguma ocasião, numa festa ou na praia, talvez a levem — além de ofender a Deus e ser ocasião de pecado alheio — a expor-se ao ridículo, aos comentários dos outros ou... a pegar um resfriado.

Dar morada aos desabrigados. Não só em situações de emergência como as inundações, em que sempre se pode levar um colchão ou outros bens às instituições que se encarregam de recolher os desabrigados. Quantas vezes, na normalidade da vida familiar, não é uma boa obra apertar-se durante uns dias ou semanas, sem resmungar, para que um parente — sogra, tia, primo, sobrinho — possa ter um quarto individual, enquanto faz uns exames médicos na cidade grande ou busca um emprego.

Visitar os doentes e prisioneiros. Se, em alguns lugares, a precariedade dos sistemas penitenciários dificulta a visita aos encarcerados, sempre é possível a visita aos doentes. Em primeiro lugar, aos parentes e conhecidos. Talvez não se possa fazer muito, ou praticamente nada, mas como reconforta — quando somos nós os doentes — saber que se lembram de nós, que sofrem conosco as nossas dores e, sobretudo, que rezam por nós! Às vezes, as mil desculpas que arranjamos para não visitar um parente doente não são mais do que disfarces da preguiça e do egoísmo.

Muito boa obra realizam também aqueles que visitam as pessoas mais esquecidas dos grandes hospitais: oferecendo-lhes uma palavra de conforto, alguma pequena ajuda espiritual e, sempre, fazendo com que recuperem o seu sentido de dignidade humana e de filhos de Deus.

Quanto conforto produziu em muitos doentes desanimados aquela enfermeira que contava com frequência a mesma história. Versava sobre uma menina com síndrome de Down chamada Elza. Seu pai foi com ela à igreja onde havia um grande crucifixo. A menina tinha esfregado os olhos com as mãos cheias de terra, e isso provocara-lhe uma infecção que demorava a curar. O pai disse-lhe: «Vá até o crucifixo e peça a Jesus que cure os seus olhos». A menina foi, toda decidida; aproximou-se do grande crucifixo, que representava Cristo ainda vivo, mas voltou meio titubeante. O pai perguntou-lhe: «O que foi? Você não pediu para curá-la?» Elza respondeu assim: «Como é que eu ia pedir-lhe isso? Você não viu como estão os olhos dEle?...»[57]

Resgatar os cativos e sepultar os mortos são obras de misericórdia que têm a sua explicação histórica em épocas nas quais a escravidão estava em plena vigência, ou eram habituais as guerras, pestes ou calamidades públicas. Hoje os tempos mudaram um pouco, mas certamente podemos praticar essas obras de misericórdia de forma acomodada a outras «escravidões», em que com certeza está nas nossas mãos tentar um resgate: a escravidão das drogas, dos jogos de azar, do sexo ou da bebida. Depende do carinho e da paciência com que o façamos.

Valha como exemplo animador da vitória do amor sobre a escravidão da bebida o daquela família em que o marido, embora sustentasse a família, agredia com frequência a esposa sob o efeito do álcool. Muitos anos se passaram dessa forma, mas a esposa nunca quis pedir-lhe a separação, cuidando dele e dos filhos. Chegou o dia das bodas de prata. Pela ajuda da oração da mulher e dos filhos, aquele homem confessou-se para estar preparado para a cerimônia. Ao sair da igreja, estando todos na rua, parou e fez questão de perguntar à esposa, em voz alta: «Por que você me aguentou durante tantos anos?» E ela: «Porque eu te amo!» Ele nunca mais bebeu; ajuda numa Associação Anti-Alcoólica, e hoje talvez esteja lendo estas páginas.

Quanto aos mortos, podemos pensar que é uma obra de misericórdia manter uma atitude discreta, respeitosa e recolhida — como resultado do espírito de fé e de oração — nos velórios e enterros. Que tal rezar um pouco, em vez de dar gargalhadas num canto, trocando piadas com conhecidos e parentes que não se viam há tempo?

É só marcar uma ocasião propícia para uma reunião descontraída... depois!

Mas não nos esqueçamos, em todas estas obras de auxílio material, de que estamos servindo o próprio Cristo: *Tudo o que fizestes a um desses meus irmãos mais pequeninos, foi a mim que o fizestes* (Mt 25, 40).

Ajuda espiritual

Como o ser humano não é só matéria, mas também — e principalmente — espírito, as *obras de misericórdia espirituais* devem ocupar o primeiro plano na atuação do cristão.

Comentando uma frase do paralítico curado por Cristo na piscina de Betsaida, dizia São Josemaria Escrivá: «*"Hominem non habeo"* — não tenho ninguém que me ajude. É o que poderiam afirmar — infelizmente! — muitos doentes e paralíticos do espírito, que podem servir... e devem servir. — Senhor: que eu nunca fique indiferente diante das almas»[58].

Há muitos «paralíticos do espírito» que necessitam da nossa ajuda; se estão perto de nós, não deveriam poder dizer «não tenho ninguém que me ajude», porque certamente nos encontrarão com a boa disposição de auxiliá-los naquilo que nos for possível.

Voltando à enumeração das obras de misericórdia tal como se recolhem nos Catecismos[59], encontramos, encabeçando a lista das sete obras de misericórdia espirituais, a de *ensinar os ignorantes*. Quanta ignorância há neste nosso mundo! Ignorância dos elementos básicos da cultura, das soluções para os problemas, mas sobretudo das respostas às questões últimas do ser humano e das leis de Deus... Perante esse universo de trevas no entendimento — muito pior que o erro, porque a ignorância é *fonte* de erros —, devemos descobrir qual pode ser o nosso papel. Este é um campo enorme para a atuação dos cristãos.

Fulton Sheen, antigo bispo auxiliar de Nova York, famoso pela sua pregação através do rádio, contava uma experiência que teve em Filadélfia. Estava a caminho do local onde ia dar uma conferência e perdeu-se nessa cidade; resolveu então pedir informação a uns garotos que estavam brincando na rua. Perguntou-lhes onde ficava a prefeitura. Um dos meninos ofereceu-se para acompanhá-lo a pé. No caminho, o garoto perguntou-lhe o que ele ia fazer lá. O bispo respondeu que ia dar uma conferência. — «Sobre o quê?», insistiu o garoto. — «Sobre como ir para o Céu», replicou o bispo. E a resposta do rapazinho o fez pensar muito: — «Sobre o modo de ir ao Céu? Mas se o senhor não sabe nem ir até a prefeitura!»

A respeito desse fato, considerava Fulton Sheen que são muitos os que necessitam de ajuda para conhecer os dois caminhos: o das coisas mais básicas da vida, e o que nos conduz à meta para a qual fomos criados. Na nossa vida profissional, não é verdade que, enquanto ensinamos a um novato o primeiro, podemos ir mostrando, com o exemplo e com a palavra amistosa e oportuna, o segundo?

Dar bom conselho. Diz-se popularmente que «se conselho fosse bom, não se dava: vendia-se»... Não é verdade. Quanto bem pode produzir um conselho certo na hora certa! Sobre a forma de superar uma crise com a esposa ou o esposo; sobre o modo de encarar o falecimento repentino de um ser querido; sobre a maneira de educar os filhos; sobre a necessidade da fé para a vida pessoal...

Corrigir os que erram. Neste campo, o grande perigo é o da omissão: «Não tenho nada a ver com isso», «foi uma escolha dela», «se fosse eu, faria diferente, mas...» É preciso ter coragem — e um sincero amor ao próximo — para corrigir quem erra. Porque há o perigo de ser mal recebido, ou de ser mal interpretado, ou de perder uma amizade. Mas se todos pensarem assim, ninguém corrigirá ninguém, e todos permaneceremos no erro em que já estamos. E as boas experiências podem assegurar que, muitas vezes, depois de corrigir um erro alheio com muita caridade, a amizade cresce, e permanece um eterno sentido de gratidão.

Uma mostra chamativa dos frutos de conselhos dados na hora certa é o que se passou com o Dr. Bernard Nathanson, que chegou a ser considerado «o rei do aborto». Praticou cinco mil abortos numa clínica que realizava cento e trinta operações desse tipo por dia. Aos poucos foi concebendo horror pelas suas práticas. De judeu ateu que era, tornou-se católico em 1996, graças à amizade e aos conselhos de um sacerdote, tal como conta o próprio Nathanson: «Ele soube que eu estava me interessando pelo catolicismo. Procurou-me e pusemo-nos a conversar semanalmente. Vinha à minha casa e trazia-me material para ler. Guiou-me pelo caminho que me conduziu aonde estou agora. Devo mais a ele do que a qualquer pessoa». Dias antes do batismo, comentava: «Ficarei livre do pecado. Pela primeira vez na vida, sentirei o refúgio e o calor da fé»[60].

Ajudar e consolar os aflitos. A *ajuda* tende a resolver o problema que gera a aflição, e o *consolo* é, ao menos, uma palavra de apoio para a hora difícil. As aflições podem vir na hora das doenças, do desemprego, da briga familiar, do excesso de trabalho. Boa obra de misericórdia é essa que se apresenta na hora da tempestade interior, acalmando o mar dos corações, ajudando a raciocinar ou sugerindo saídas para os problemas.

Um santo que passou à história pela sua capacidade de consolar foi São João de Ávila. Diz dele um biógrafo antigo: «Morava em sua alma o Espírito Santo com grande plenitude de graça, e, como esse divino Espírito é o verdadeiro Consolador, comunicou com grande abundância essa mesma propriedade a este santo, como instrumento seu. Sabe-se ao certo que todas as pessoas aflitas e desconsoladas, atingidas por tentações, quando se aproximavam dele, encontravam solução, alento e consolo em todas as suas dificuldades interiores. Consolava-os, encaminhava-os para que saíssem de suas misérias e dos laços do demônio»[61]. Oxalá fôssemos também nós um bom instrumento de consolo nas mãos do Espírito Santo.

Sofrer com paciência as fraquezas do próximo. Mais do que explicações, talvez possa bastar-nos o exemplo narrado por Santa Teresa de Lisieux nos seus manuscritos autobiográficos: «Há na comunidade uma Irmã que tem o talento de desagradar-me em todas as coisas. As suas maneiras, palavras e caráter parecem-me *muito desagradáveis*. No entanto, é uma santa religiosa, que deve ser *muito agradável* a Nosso Senhor. Por isso, não querendo ceder à antipatia natural que sentia por ela, pensei um dia que a caridade não devia consistir nos sentimentos, mas nas obras. Apliquei-me então a fazer por essa Irmã o que teria feito pela pessoa mais amada. Cada vez que a encontrava, rezava por ela, oferecendo a Deus todas as suas virtudes e méritos [...]. Não me contentava com rezar muito por ela; procurava prestar-lhe todos os serviços possíveis e, quando tinha a tentação de responder-lhe de uma maneira desagradável, dirigia-lhe o sorriso mais amável e desviava a conversa.

«[...] Como ignorasse absolutamente o que eu sentia por ela, [essa Irmã] nunca imaginou os motivos da minha conduta e está persuadida de que o seu caráter me agrada. Certo dia, no recreio, disse-me mais ou menos estas palavras, com um ar muito satisfeito: «Diz-me, minha Irmã Teresa do Menino Jesus, o que é que te atrai tanto em mim, que de cada vez que me olhas te vejo sorrir?» Ah! o que me atraía era Jesus escondido no fundo da sua alma... Jesus, que torna doce o que há de mais amargo»[62].

Será que somos capazes de tratar de uma forma pelo menos paciente as pessoas que nos incomodam?

Rogar a Deus pelos vivos e defuntos. Esta obra de misericórdia pode ser vivida por absolutamente todos nós, e diariamente. Temos que pedir pelos que já partiram, para que, caso estejam no purgatório, cheguem ao céu o quanto antes. Serão objeto da nossa oração os nossos entes mais queridos e aqueles a quem estivemos ligados por motivos de trabalho, vizinhança ou por alguma tarefa de apostolado cristão. E podemos ir ainda mais longe, e depois rezar pelos que nos fizeram mal ou quiseram fazer-nos mal.

Deixamos para o final uma obra de misericórdia que merece um tratamento particular.

Perdoar as ofensas

Perdoar é a maior de todas as obras de misericórdia. E é condição essencial para que sejamos objeto da misericórdia de Deus, tal como o repetimos frequentemente no Pai-Nosso: «perdoai-nos as nossas ofensas, assim como nós perdoamos a quem nos tem ofendido».

O que pode ser mais comovente do que aquelas palavras de Cristo na cruz: *Pai, perdoa-lhes; porque não sabem o que fazem*? Que enorme manifestação de amor há nessas palavras! Cativam o nosso coração porque são um perdão, não apenas para aqueles que o estavam crucificando, mas para todas as ofensas que cometemos e ainda cometeremos contra Ele, e porque nos movem a saber perdoar de forma ampla e ilimitada.

Como dizia São João Crisóstomo, «nada nos assemelha mais a Deus do que estar sempre dispostos a perdoar»[63]. Quer se trate de grandes ofensas ou das pequenas e diárias, quer sejam objetivas ou fruto da nossa imaginação, o que dilata enormemente as fronteiras do nosso coração é o perdão.

Para que o mundo seja mais humano e mais cristão, é preciso que se instaure o perdão. «Um mundo no qual se eliminasse o perdão seria apenas um mundo de justiça fria e irrespeitosa, em nome da qual cada um reivindicaria os próprios direitos em relação aos demais. Deste modo, as várias espécies de egoísmo, latentes no homem, poderiam transformar a vida e a convivência humana num sistema de opressão dos mais fracos pelos mais fortes, ou até numa arena de luta permanente de uns contra os outros»[64].

Perguntemo-nos se temos sabido perdoar de todo o coração. Aquela antiga desfeita de uns parentes distantes; umas palavras duras ouvidas na hora de uma discussão; a incompreensão no trabalho profissional; o mau humor do vizinho; tudo isso podem ser ocasiões de ouro que Deus nos oferece para exercermos a misericórdia com o próximo.

Bom seria que se pudesse fazer de nós aquela apreciação que fazia Dostoiévski de um de seus personagens: «Não era rancoroso. Uma hora após ter sido ofendido, respondia ao ofensor ou dirigia-lhe ele próprio a palavra com um ar confiante, tranquilo, como se nada se tivesse passado entre eles. Não parecia então ter esquecido a ofensa, ou estar decidido a perdoá-la, mas simplesmente *não se considerava ofendido*, e isso fazia com que conquistasse o coração das pessoas»[65].

Essa capacidade de perdão parte de uma consideração de permanente humildade que se liga a tudo o que vimos anteriormente e que nos leva à compreensão com as falhas alheias: «Se és tão miserável, como estranhas que os outros tenham misérias?»[66]

O que não podemos é revidar ou fazer notar aos quatros ventos que estamos fazendo o gesto magnânimo de perdoar, ou humilhar ao conceder o perdão. Temos que perdoar com a alma grande, sem que as ofensas deixem nenhuma cicatriz, nenhuma mágoa, nenhum ressentimento no nosso coração.

Maria, Mãe de misericórdia

Para obtermos misericórdia e aprendermos a ser verdadeiramente misericordiosos, recorramos à *Mãe de misericórdia*. Os seres humanos tendencialmente «aceitam mais facilmente o amor misericordioso da parte de uma mãe»⁶⁷. Daí o particular papel de Maria no cristianismo.

«Quando somos verdadeiramente filhos de Maria, [...] o nosso coração se dilata e revestimo-nos de entranhas de misericórdia. Doem-nos, então, os sofrimentos, as misérias, os erros, a solidão, a angústia, a dor dos outros homens, nossos irmãos. E sentimos a urgência de ajudá-los em suas necessidades e de lhes falar de Deus»⁶⁸.

Maria é a Mãe que consentiu na imolação do seu Filho para que nós fôssemos curados. Maria *é aquela pessoa que conhece mais a fundo o mistério da misericórdia divina*. Conhece o seu preço e sabe quanto ele é elevado»⁶⁹. Viu de perto o sofrimento do seu Filho, que foi o preço dos nossos pecados. Sabe até que extremo foi o amor desse Filho único por cada homem, como assumiu as nossas misérias, fazendo-se pecado por nós (cf. 2 Cor 5, 21) para nos garantir a misericórdia divina.

Quanto mais miseráveis nos vejamos, mais devemos considerar o amor misericordioso dAquela que é Mãe de Deus e Mãe nossa: «Minha Mãe! As mães da terra olham com maior predileção para o filho mais fraco, para o mais doente, para o mais curto de cabeça, para o pobre aleijado...

— Senhora! Eu sei que tu és mais Mãe que todas as mães juntas... — E como eu sou teu filho... E como sou fraco, e doente... e aleijado... e feio...[70]

A misericórdia de Maria é diferente para cada um de nós, porque Ela nos ama individualmente, pessoalmente, como uma mãe ama individualmente cada um dos seus filhos.

Aprenderemos assim que esses e não outros são os nossos títulos de glória perante Deus: as nossas fraquezas, doenças, incapacidades e até pecados. Não o sucesso, não os triunfos, não os êxitos, não as autoafirmações: os fracassos, as dores, as misérias. E compreenderemos igualmente o que dizia São Paulo: *De bom grado me gloriarei nas minhas fraquezas, para que habite em mim a força de Cristo. Por isso me alegro nas enfermidades, nos opróbrios, nas necessidades, nas perseguições e angústias por Cristo; pois quando estou fraco, então é que sou forte* (2 Cor 12, 9-10).

Reconfortante tarefa, para todos os dias da nossa vida, será essa de descobrir, através da nossa boa Mãe, *a misericórdia de Deus para comigo*!

NOTAS

(1) Tomás de Aquino, *Suma teológica*, II-II, q. 30, a. 4; doravante essa obra será citada como 5.77».; (2) Francisco Fernández-Carvajal, *Falar com Deus*, vol. I, 3a. ed., Quadrante, São Paulo, 1998, med. 4, parte I; (3) São João Paulo II, Carta Encíclica *Dives in misericordia*, 30.11.1980, n. 15; grifo nosso; doravante esse documento será citado sempre pela abreviatura DM; (4) Fernando Pessoa, *Tabacaria*, em *Obra poética*, Nova Aguilar, Rio de Janeiro, 1992, pág. 365; (5) *DM*, n. 2; (6) *DM*, n. 2; (7) Venerável Libermann, cit. em Alexis Riaud, *A ação do Espírito Santo na alma*, Quadrante, São Paulo, 1998, pág. 97; (8) *S. Th.*, II-II, q. 30, a. 3, ad 2; (9) Fernando Pessoa, *ibid.*; (10) Dietrich von Hildebrand, *A nossa transformação em Cristo*, Aster, Lisboa, 1960, pág. 261; (11) *DM*, n. 7; (12) *DM*, n. 13; (13) *DM*, n. 8; (14) *Seleções*, jul. 1947, pág. 89; (15) *DM*, n. 4; (16) Mons. Gay, *Da vida e das virtudes cristãs*; (17) Josemaria Escrivá, *Caminho*, 10ª ed., Quadrante, São Paulo, 2015, n. 431; (18) Teresa de Lisieux, *Manuscritos autobiográficos*, Manuscrito A, 83v; (19) *DM*, n. 13, gr. nosso;

(20) Bossuet, *Primeiro sermão sobre a Natividade da Santíssima Virgem*; (21) *DM*, n. 7; (22) *DM*, n. 8; (23) Robert H. Benson, *A amizade com Cristo*, Quadrante, São Paulo, 1996, pág. 86; (24) *DM*, n. 8; (25) São Gregório Magno, *Homilia 34 sobre os Evangelhos*, 4; (26) DM, n. 13; (27) Leonardo Boff, em Revista *Rio Artes*, n. 21, 1997; cit. em *Pergunte e Responderemos*, 432/1998; (28) Estêvão Bettencourt, em *Pergunte e responderemos*, 432/1998, pág. 214; (29) Francisco de Quevedo, *Los sueños*; (30) Georges Bernanos, *Diário de um pároco de aldeia*, Agir, Rio de Janeiro, 1964, pág. 137; (31) *Caminho*, n. 93; (32) Eugene Boylan, *Amor sublime*, pág. 409; (33) São Francisco de Sales, cit. em Joseph Tissot, *A arte de aproveitar as próprias faltas*, Quadrante, São Paulo, 1995, pág. 88; (34) Josemaria Escrivá, *Forja*, 3ª ed., Quadrante, São Paulo, 2014, n. 293, grifo nosso; (35) *S. Th.*, I, q. 21, a. 3; (36) Sheldon Vanauken, *Encontro com a luz*, em *Jornadas espirituais*, Quadrante, São Paulo, 1998, pág. 242; (37) *DM*, n. 13; (38) *Catecismo da Igreja Católica*, n. 1428; (39) *DM*, n. 13; (40) cf. *S. Th*. II-II, q. 162, a. 6, ad 3; (41) Louis Veuillot, cit. em Joseph Tissot, *A arte...*, pág. 57; (42) Salvador Bernal, *Perfil do Fundador do Opus Dei*, Quadrante, São Paulo, 1978, pág. 416; (43) *Caminho*, n. 475; (44) cit. em Sto. Afonso Maria de Ligório, *Prática de amor a Jesus Cristo*, 13, 11; (45) Josemaria Escrivá, *Sulco*, 3ª ed., Quadrante, São Paulo, 2014, n. 144; (46) Papa Francisco,

Encíclica *Misericordiae vultus*, 9. (47) *DM*, n. 8; (48) *S. Th.*, II-II, q. 30, a. 4, ad 3; (49) *Misericordiae vultus*, 20. (50) Tomás de Aquino, *Comentário ao Evangelho de São Mateus*, 5, 2; (51) *DM*, n. 14; (52) Hildebrand, *A nossa transformação...*, pág. 264; (53) *DM*, n. 3; (54) *Catecismo da Igreja Católica*, n. 2447; (55) *Misericordiae vultus*, 15. (56) *Seleções*, jul. 1947, pág. 41; (57) Fundação Síndrome de Down de Cantabria, *Revista*, vol. 10, n. 4; (58) *Sulco*, n. 212; (59) cf. Henrique Pélach, *Catecismo breve*, Quadrante, São Paulo, 1997, n. 292; (60) cf. *Pergunte e responderemos*, 1997, vol. 424, págs. 34-36; (61) L. Muñoz, cit. em *Palabra*, n. 236; (62) cf. *Manuscritos autobiográficos*, Manuscrito B, fols. 13-14; (63) S. João Crisóstomo, *Homilias sobre o Evangelho de São Mateus*, 61; (64) *DM*, n. 14; (65) Fiodor Dostoiévski, *Os irmãos Karamazov*. Ediouro, Rio de Janeiro, s/d, pág. 29; (66) *Caminho*, n. 446; (67) *DM*, n. 9; (68) *É Cristo que passa*, n. 146; (69) *DM*, n. 9; (70) *Forja*, n. 234.

Direção geral
Renata Ferlin Sugai

Direção editorial
Hugo Langone

Produção editorial
Juliana Amato
Gabriela Haeitmann
Ronaldo Vasconcelos
Roberto Martins

Capa
Provazi Design

Diagramação
Sérgio Ramalho

ESTE LIVRO ACABOU DE SE IMPRIMIR
A 29 DE ABRIL DE 2024,
EM PAPEL OFFSET 75 g/m².